NOTRE I
MISÉ[

MESSAGES AUX ÂMES SIMPLES
COEUR IMMACULE DE MARIE

'M'aimer n'empêche pas d'aimer aussi mon Fils, cela ajoute de la beauté à ton âme'

Nihil Obstat : Dublin 22 mars 2000
Le révérend Brendan Leahy,
DD Censeur adjoint du diocèse de Dublin
Imprimé avec l'autorisation de l'Église.

Première édition imprimée en 2000, par Oyster Press, Whitstable, Kent, Angleterre.

Copyright : kontakt@olmoms.org,
Gemeinnütziger Verein OLMOMS e.V. Lars Weiper. Am See 1, 23827 zu Gut Wensin

Tous droits réservés. Aucune partie de cette publication ne peut être reproduite, stockée dans un système de recherche documentaire, transmise sous quelque forme ou par quelque moyen que ce soit, électronique, mécanique, photographique, enregistrement ou autre, sans l'autorisation préalable du détenteur des droits d'auteur.

Une fiche de catalogue de ce livre peut être obtenue à l'adresse suivante
The British Library ISBN 1-899177-08-6

Imprimé : Oyster Press 110 John Wilson Park Whitstable, Kent CT5 3QT. Tél. 01227 772605

Notes sur les révélations privées : "Les révélations privées n'appartiennent pas au dépôt de la foi. Leur fonction n'est pas de renforcer ou de compléter les révélations définitives de Jésus-Christ, mais d'aider à les vivre plus fidèlement à certaines périodes de l'histoire. (Catéchisme de l'Église catholique). Cependant, en nous conduisant à l'Evangile, ces révélations privées nous mettent en contact plus étroit avec la Divine Miséricorde de Dieu et avec les grâces et bénédictions qui en découlent, nous inspirant à mener une vie digne du grand amour que ce Dieu, notre Rédempteur, nous donne gratuitement.

Virgin Mary | ISBN: 9798699442515

LE MESSAGE AU MONDE DE NOTRE DAME DE LA MISERICORDE

"Mon cher petit, je t'apporte mon sourire même si tu penses que tu es définitivement blessé, personne n'est définitivement blessé sauf celui qui désire le rester!"

Page de Couverture

Détail de l'Image:

"Notre Dame Médiatrice de toutes les grâces".

VEUILLEZ LIRE CES NOTES AVANT DE COMMENCER LE LIVRE

Ce livre est très précieux, il est un lien tangible avec notre Sainte Mère au Ciel. Ce livre ne doit pas être lu d'une traite du début à la fin. La manière d'utiliser ce livre est, comme Notre Dame l'a demandé, de *"prier avant de lire mes messages"*. Faites une prière, n'importe laquelle de votre choix, et puis ouvrez le livre où vous le voulez.
Lisez la „Perle" sur la page du côté pair, c'est là le point principal du message que Notre Dame souhaite nous communiquer. Ensuite veuillez trouver sur la page opposée le texte particulier du message daté, et lisez l'ensemble du message de cette date (vous aurez peut-être à aller sur la page précédente pour trouver le début du message). Ce message est pour vous le message personnel de Notre Dame.

Notre Dame a dit de ce livre:
"En essence, le livre des messages est pour le renouvellement de toutes les âmes."

(2 avril 1998)

"N'aie crainte. Tu dois uniquement te concentrer sur le livre que je t'ai donné. N'efface rien que la providence t'a révélé. Saint Joseph le conservera purement et moi je le garderai maternellement. Ce sera une étoile qui brillera à la vue du monde entier et aussi une brise fraîche soufflant dans l'église. Jamais auparavant je n'ai béni un tel livre comme celui que je te donne. Vraiment mon Image est celle de la Médiatrice de toutes les Grâces. Prie! La prière te permettra de tout obtenir."

(24 octobre 1997)

"Si tu pries tu trouveras la réponse à toute situation où il n'y a pas la paix et où on ne peut trouver la paix. Ouvre le livre

des messages et demande Moi quel message tu souhaites vivre chaque jour et je te répondrai. Je ne te demande pas de vivre les messages de tout le monde mais de vivre Mes messages et tu trouveras la paix. Ils entreront en toi et tu seras vraiment heureux, et tout le monde verra en toi le reflet de Mes messages."

(14 janvier 1999)

"Je t'ai donné le plus grand signe que je suis vraiment avec toi en toute situation. Le signe est que je te parle quand tu ouvres ce livre. Ainsi je t'aide à croire avec ton Coeur."

(31 Janvier 1999)

"Abandonne-toi à mon Coeur Immaculé. Ainsi tu pourras vaincre tout mal qui te menace. Tu feras cela en ouvrant ce livre et en lisant mes messages chaque jour. Laisses-les te changer. Ainsi tu vivras les graces que Dieu desire te donner à travers eux. C'est pour cette raison que je te parle à travers eux, mais tu dois écouter avec ton coeur si tu chercher à comprendre mes mots."

(1 février 1999)

"Je te rappelle encore de simplement ouvrir le livre à n'importe quelle page et tu y trouveras le chemin qui mène à la paix et une joie indescriptible."

(11 mars 1999)

Notre Dame avait ceci à te dire le 19 avril 1999.
"Quand tu as le livre en mains, c'est Moi que tu tiens, ta Médiatrice de toute Grâce. Où que tu te trouves et à tout moment si tu te sens préoccupé ou tu as perdu ta paix ou si simplement tu as besoin de Moi, ouvre le livre à n'importe quelle page et applique mes Mots, et à ce moment tu vas trouver ce calme profond qui se trouve dans mon Coeur Immaculé."

(19 avril 1999)

Il est aussi conseillé d'utiliser le livre quand tu dis le Rosaire, en lisant un message entre chaque décade. Ce livre est aussi d'un grand réconfort quand tu es particulièrement préoccupé ou dérangé par des événements de ta vie, car Notre Dame a dit *„Quand tu as besoin de Moi, ouvre le livre"*.

Que Notre Dame te guide, spécialement maintenant en cette époque du 2000e anniversaire de la naissance de ton fils Notre Seigneur Jésus Christ. Que le bon Seigneur plein de miséricorde et sa Divine Mère te bénissent.

Introduction

Avec des rapports de messages de Notre Dame nous parvenant du monde entier, les vrais dévots de Notre Mère bien-aimée prieront pour la grâce du discernement afin de croire ce qui est vrai et distinctif pour qu'ils le suivent.

Lorsqu'on m'a remis le livre bleu du Message de Miséricorde de la Notre Dame au monde et que j'ai rapporté ce que Marie avait demandé de faire connaître à Ses enfants, selon les instructions, j'ai d'abord dit une prière, puis j'ai ouvert le livre au hasard et j'ai lu la "perle" sur la page de gauche. C'était le "point central" du message particulier de la page opposée, qui m'était destiné à l'époque.

J'ai alors reconnu que ces messages consolants mais sérieux nous aideraient à affronter les difficultés et les défis de la vie au cours du nouveau millénaire, dans ce monde de plus en plus oublieux de Dieu. En tant que notre mère aimante, elle s'est vu confier ce rôle unique de donner des messages individuels d'espoir et d'amour à ses enfants affamés.

Depuis lors, j'ai senti une nouvelle dimension à ma vie qui, je le prie, me permettra, ainsi qu'à d'autres, de donner du réconfort et de l'espoir à tous ceux qui cherchent ainsi l'aide de Notre-Dame Auxiliatrice, Reine du Foyer.

Qu'Elle vous parle ainsi et vous apporte Sa paix.

STELLA MARIS LILLEY.

"Mon enfant, c'est le moment de réparer ta vie!"

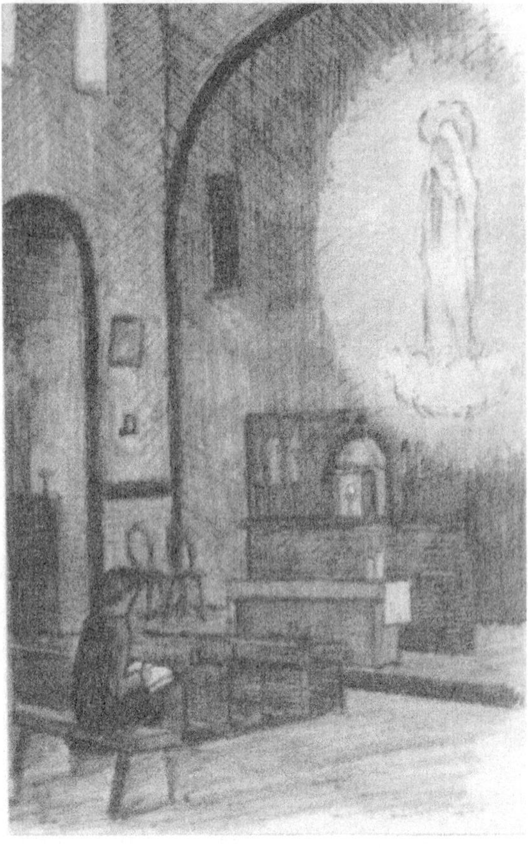

NOTRE DAME VISITANT LA CHAPELLE
DU SACRE COEUR. RAHENY, DUBLIN
1989.

A.M. † D.G.

What, may you ask, is this diary all about? It is to be simple and how to live simply with God who longs to live in our hearts just as much as in the time when Saints like St. Francis walked the roads of his native Italy. Our Lady is no stranger to this world of today. She offers mankind again the message of Her Son, that it should live in our hearts and that we spread it to all without pomp, but as Our Lady would have us spread it, in all the little things of our lives. This message is eternal life and Our Lady is offering us this gift through Her Message of Mercy that She may lift our burdens and help us "Begin anew" and look to Her as our guide through the darkness of this world to the light of Heaven.

My Angel.

« Prie avant de regarder mes messages »

« Et aussi je te demande de garder avec toi quelques unes de mes pensées, chaque jour »

- 1989 -

A.M. † D.G.

14 janvier – Cher enfant, auparavant je t'ai conduit sur le chemin de la purification, maintenant je te conduis en secret sur un chemin de captivité intérieure, tu ne comprends pas ce que je veux dire mais si tu acceptes ces entretiens, tu comprendras que je suis la Mère qui te conduit à mon Fils Jésus.

15 janvier – Cher enfant, lorsque je viens je rends ma foi visible aux yeux de mes enfants pour qu'ils soient plus forts dans leur propre foi. Si tu viens au pied de la croix, tu connaîtras la joie, et la paix inondera ton âme, car c'est au pied de la croix que l'on rencontre vraiment Jésus.

*« Laisse-moi t'enseigner les chemins
de la beauté infinie »*

16 janvier – Mon enfant, regarde toute l'attention que je te porte et vois comment je te l'offre : souvent tu oublies même ma présence. Toutes ces petites choses de ta vie, c'est là que je bouge et elles font mes délices. Ne me refuse aucun recoin que je puisse nettoyer et t'aider à garder en ordre, tu as tellement besoin de savoir que je mets en ordre tous les détails de ta vie, j'en connais chaque moment.

17 janvier – Cher enfant, regarde mon Fils qui saigne sur la croix, il meurt pour que les hommes puissent vivre une vie libre de la tyrannie du péché. Ne laisse pas fuir ce moment sans penser à cela. Mon amour pour toi est tellement grand, **<u>laisse moi t'enseigner les chemins de la beauté infinie.</u>** *

* La Grâce de Dieu

*« C'est à Mes desseins et à Mon plan
que tu dois être attentif »*

18 janvier – Mon enfant, tu t'accroches et essaies trop par ta propre intelligence de réaliser ce que Dieu te demande et tu n'y arrives pas et tu te demandes « Y a-t-il un chemin ? » Ne comprends-tu pas que **c'est à Mes desseins et à Mon plan que tu dois être attentif,** car tout le reste est vanité et s'évanouira comme la brume matinale avant la chaleur du soleil. Prie sans cesse, une prière simple et sans but précis. En mettant ta confiance en moi, ta Mère, c'est dans la prière que tu affronteras les épreuves qui se présenteront.

19 janvier – Cher enfant, s'est seulement en venant plus près de moi que tu peux visualiser Jésus. Tu es conscient que moi, la Mère, je suis la seule à t'aider à vivre en Jésus parfaitement, alors prie moi, la Mère de ton âme, que tu puisses comprendre tout ce que je réalise dans ta vie.

« Écoute et prie, je t'appelle à nouveau »

20 janvier – Cher enfant, ton âme ne devrait s'occuper que d'une seule personne, Jésus. Comment vas tu le trouver ? A travers moi qui suis la Mère de ton âme. Être influencé par autre chose n'est pas bon car cela éloigne ton cœur de moi. Suis seulement ma voie, à travers moi.

21 janvier – Cher enfant, ne cours pas en rond à la recherche du prochain événement qui va te frapper, cet événement existe déjà, il est déjà passé ! Vis le ! Car chaque instant est un don de Dieu. Prie, et laisse à ceux dont c'est le travail, le soin de comprendre. Ne réagis pas mais lâche prise. Dieu connaît déjà ton cœur et moi aussi, moi aussi, mon enfant.

22 janvier – Cher enfant, **écoute et prie. Je t'appelle à nouveau** à renouveler ta vie. À nouveau, laisse moi l'organiser minute après minute, pour

« Ne me cache pas ta misère. »

que je te guide en sécurité vers ta vraie maison, au Ciel. Ne t'implique dans rien d'autre que le travail de Dieu. Maintenant réponds-moi en me laissant devenir la Mère de ton âme.

23 janvier – Oh mon cher enfant, n'as-tu pas compris la simplicité de tout ce que je fais pour toi. Par ma maternité tu es à moi. Même si tu chutes de temps en temps, ce qui est prévisible, **ne me cache pas ta misère** lorsque cela arrive. Apporte-moi ta honte pour que je puisse te consoler et consolider ta foi qui a été affaiblie. Rends-toi à moi et tu deviendras fort par mon amour.

24 janvier – Cher petit, la nuit est sur toi et la tempête est sur le point de

*« Tu as peu de temps pour les
frivolités. »*

souffler et **tu as peu de temps pour les frivolités**. Seule ma présence peut te sauver des embûches que le Démon place sur ta route, et ceci, parce que tu as répondu à mon appel. Comme Dieu est beau de te donner la faveur de ces entretiens pour que tu puisses entendre ma voix et que tu veuilles n'être conduit que par moi, ta Reine et Sainte Mère ! Ceci est une vraie merveille.

25 janvier – Cher enfant, viens à moi dans ton cœur dès que tu as besoin de moi. Je serai là pour te secourir et te consoler. Tu devrais être heureux que je t'aie choisi comme un outil spécial pour montrer au monde ma tendresse pour mes petites âmes. Par toi, un jour, je veux rassembler un bon nombre de petites âmes courageuses qui se consacreront à moi pour le bien de ces âmes* qui se sentent abandonnées dans le froid,

« Offre-moi toutes tes craintes et attentes »

alors qu'elles sont tout autant aimées de mon amour maternel.

26 janvier – Mon enfant suis-moi dans ma foi, **offre-moi toutes tes craintes et attentes**, fais tout pour moi. Je te soutiendrai maternellement vers la pleine force et la joie totale ! Ainsi ma joie sera grande de te voir enfin et vraiment mon enfant dans ma grâce. Être ainsi encore plus pauvre en tout est quelque chose que je peux offrir à Dieu. Offre-moi ce trésor. Le trésor de ta pauvreté, pour moi pour que je puisse réaliser ce que je veux.

27 janvier – Mon enfant, aujourd'hui je voudrais que tu sois bien conscient d'une chose :

* Pauvres pécheurs

« Par la prière ouvre grand ton cœur. »

l'indifférence avec laquelle on me traite fait beaucoup de peine à Dieu, mais en priant un Notre Père, un Je Vous salue Marie et un Gloire au Père, priés (de tout ton cœur) avec l'objectif d'aider à porter cette peine et à convertir ceux qui sont la cause de cette tristesse et si tu fais ceci tous les jours devant mon Fils dans le Saint Sacrement, tu gagneras de grandes grâces pour ceux dont le cœur a peu ou pas de foi. … Tout par moi !

28 janvier – Mon cher petit. Prie un Ave pour mes enfants qui sont si loin de moi, qui attendent la même foi que celle qui t'est accordée aujourd'hui. Prie, et **par ta prière ouvre ton cœur** tout grand à ceux qui dans le silence attendent seuls, ces malheureux qui sont lassés, prie et pense à ceux qui voudraient connaître la foi à laquelle je t'invite ! Vois mon amour et

« Je désire tendrement te conduire »

combien tu as été rendu fort et sensible à ta propre foi.

29 janvier – Mon cher petit, ma grâce est suffisante pour toi. Montre-moi ta volonté d'être avec moi. Je te montrerai mon Fils qui m'a chargée de te conduire avec moi vers Lui. Sur ce nouveau chemin je veux que tu te confies à moi avant d'agir et je te dirai que faire.

30 janvier – Mon enfant, mon petit, tellement déchiré entre le monde et mon offre d'austérité totale, si seulement tu savais combien **<u>je voudrais tendrement te conduire</u>** sur ce chemin parcouru par tellement peu de gens. Dépose à mes pieds ton adhésion et dépends totalement de moi. Écoute-moi, ne laisse aucun autre chemin t'attirer ou te séduire, mais recherche ma

"Mon cher petit, ne sois pas découragé."

perle rare* et ne t'arrête pas tant que tu n'es pas satisfait. Mon petit pour connaître vraiment mon union avec toi, tu dois d'abord remiser les pensées vaines et rechercher ce qui semble peu plaisant à ta nature mais qui est en guerre avec ton âme. Laisse cette graine pousser dans ton âme, prenant soin d'elle comme tu ferais d'une petite bouture et veille à ce que rien ne vienne l'endommager. Ceci n'est qu'un début !

31 janvier – Mon enfant, **mon cher petit. Ne sois pas découragé** lorsque tu chutes. Compte sur ma miséricorde, avec mon Fils, pour te donner la grâce d'admettre calmement ta faute et de persévérer bravement et avec courage.

---

* Un cœur pur

« Continue à prier, ne laisse rien te détourner »

1 février – Mon petit, bien des gens ont souhaité être aussi proches et pourtant c'est à toi que cette grâce a été donnée. Grâce à cela j'ai gagné pour toi une telle grâce, et je suis en train de gagner encore plus pour t'aider à accomplir mon petit plan dans ton âme, pour que l'on parle de mes merveilles de génération en génération. **Continue à prier. Ne laisse rien te détourner**, même pas tes faiblesses.

2 février – Cher petit, quand ai-je souhaité avoir la réponse d'une âme plus que de la tienne ? Et comment peux-tu penser que je pourrais t'abandonner ? Si tu as du chagrin, laisse-moi le guérir. Ce serait beaucoup plus long d'atteindre mon Fils par tout autre chemin que celui sur lequel je te conduis.

« Prie et sois impatient des choses éternelles »

<u>Prie et sois impatient des choses éternelles</u>; laisse tout le reste de côté.

3 février – Cher petit, comment aimer mon Fils est le désir de beaucoup. Mais comme c'est triste de voir comme ils s'égarent, dès qu'une calamité les assaille. S'ils pouvaient seulement réaliser qu'ils sont aimés beaucoup plus, s'ils pouvaient seulement être beaucoup plus patients.

4 février – Cher petit, les manières de ce monde sont si engagées sur la route de la perdition qu'il y a peu d'espoir, si ce n'est dans la justice de Dieu. Le genre humain est tombé très très bas, et seule une Intervention Surnaturelle peut le sauver. Autrement il abandonnera son âme à l'esclavage de Satan. C'est pourquoi être plutôt mon esclave est tellement précieux. Peu importe que tu le trouves difficile, bataille et prie.

"Avec mon Coeur, j'invite les hommes à se détourner du péché."

5 février – Cher petit, je n'ai pas oublié combien tu es petit. C'est un moment tellement merveilleux que nous passons ensemble. Ne pensons pas à notre faiblesse, mais plutôt à la miséricorde de Dieu. Ne t'inquiète pas mon petit, je peux voir plus loin sur la route. Tu as tellement à apprendre. Je suis en train de faire de toi un petit ange. Vois-tu, je t'aime au-delà de ton péché et quelle que soit son importance dans ton âme. Alors mon petit n'aie pas peur de venir à moi.

6 février – Mon petit, **de tout mon cœur j'invite les hommes à se détourner du péché** et à suivre le chemin du Saint Évangile, en me laissant être leur Mère qui les guide à travers les ténèbres de ce monde vers la lumière du Ciel. Viens avec moi. Décide aujourd'hui de me suivre car je parle à ton cœur. Viens chaque jour me rencontrer ainsi que mon Fils Jésus. Il veut que tu écoutes mes messages.

« Je prie pour que tu sois meilleur »

7 février – Mon enfant, lorsque tu t'inquiètes, je pleure, lorsque tu pèches tu me fais mal, lorsque tu essays d'être bon, **je prie pour que tu sois meilleur**. Je suis ta Mère. Comme une Mère, je ne pense qu'à te sauver de la route large que beaucoup d'âmes empruntent. Tu vois, je connais les cœurs des hommes et je sais comment ils se dupent. La route sur laquelle je te conduis est pleine d'épines mais aussi pleine d'une tendresse que tu n'as jamais ressentie. Ne pèche plus ! Demain sera ton baptême du Feu. Renouvelle ta vie et

« Crois que c'est moi »

crois que c'est moi. Rien que toi et moi. Personne ne peut te conduire vers la beauté du Ciel plus sûrement que moi.

LENT

8 février – Mon enfant, aujourd'hui j'ai une grande grâce pour toi, mais prie pour t'ouvrir à son pouvoir de te changer. Te connaissant personnellement comme je te connais, je veux que tu fasses l'expérience complète de l'efficacité de cette grâce que je te donne. Demeure à l'intérieur de ton âme aujourd'hui. C'est là que tu me trouveras toujours ; c'est une prière du cœur. Retourne souvent dans la journée à l'autel de ton âme. Et là tu connaîtras mon amour.

9 février – Mon enfant je t'invite à considérer le chemin des hommes aveuglés par les richesses, le pouvoir et les plaisirs égoïstes. C'est ce qui les conduit à

*« Cherche le chemin de la Sainteté et
désire grandir caché »*

la destruction de leur âme. Sois aussi libre que l'oiseau, attiré non par les désirs humains mais consacré aux choses extérieures à l'homme et spirituelles. **Cherche le chemin de la Sainteté et désire grandir caché** en suivant l'exemple de mon Fils qui a reçu la pauvreté et l'oppression comme ses amis.

10 février – Mon enfant, ne crois pas que ce soit ton rôle, parce que tu es mon enfant, de te battre dans des conflits ou discussions avec les hommes ce serait malédiction ; Non ! Pour vaincre dans n'importe quelle bataille, au début il faut la prière et la patience doit en être la fin. En tout rends la paix possible, en étant conscient que tout autre résultat dans la bataille contre le diable est seulement le fait de ma main, pour gagner les âmes à ma façon. Penser le contraire est faux.

"Renouvelle tes résolutions et commence à nouveau."

11 février – Mon enfant, me connaître représente une vraie sainteté. Je suis celle qui conduit à la sainteté. Mon petit, prie pour que ce don si rare, être comme moi, soit ton unique désir. Si tu viens à moi tu recevras ce que tu veux le plus. Parce que nulle part ailleurs tu ne trouveras le vrai bonheur.

12 février – Mon enfant, même si les tentations sont trop fortes et que tu chutes, la force te sera donnée de renouveler tes résolutions et de recommencer. C'est dans la bataille qu'un soldat ne doit pas déserter, alors toi aussi tu dois continuer par amour pour moi. C'est le plus grand courage que d'exposer sa vie pour ceux que l'on aime. Prouve ton amour.

"Sois préparé, et n'aie pas peur des blessures."

Prépare-toi, peu importent les blessures. Compte sur la vraie vie, la vie qui a mon amour comme objectif, et n'en accepte pas d'autre. Mon petit tu te battras et tu seras courageux jusqu'à la fin.

13 février – Mon enfant, si le péché prévaut dans ta vie, c'est parce que ton âme manque d'énergie pour se libérer de ce lien. Le temps viendra où tu n'auras plus besoin de rationaliser* ce qui arrive dans ton âme. Je t'aiderai à produire des fruits qui feront mourir le péché dans ta vie, mais en premier tu ne dois pas regarder constamment le péché, mais mon petit, détache ton âme de ses liens et marche vers moi doucement. Mais ne regarde pas en arrière ou n'essaye pas de te rappeler ton péché. Laisse tout dans mes mains et à ma miséricorde.

* douter

*« Ne te fatigue jamais de demander
mon aide »*

14 février – Mon enfant, entre toi et moi sont éparpillées des fleurs d'une grande variété. Tu n'as pas réussi à en ramasser beaucoup. Il y en a beaucoup que tu n'as pas vues par manque de désir. Si tu veux vraiment percevoir mes délices tu dois t'abandonner à moi ; même les besoins basiques de ton corps et de ton âme, me les présenter n'est pas suffisant. Mais vouloir me respirer à travers eux c'est ce qui compte. Prie, prie, et **<u>ne te fatigue jamais de demander mon aide.</u>**

« Réserve moi le droit de faire de toi tout ce que je veux »

15 février – Mon enfant. **Réserve moi le droit de faire de toi tout ce que je veux.** C'est en cela que le Corps Mystique de mon Fils porte des fruits. Grandir de plus en plus comme moi consiste à inclure le Corps de mon fils. Il est d'une importance vitale que tu continues, en prières, quelles que soient les conséquences. Te réfréner ou abandonner serait fatal. C'est seulement par la prière que moi je peux t'atteindre et que toi tu peux m'atteindre.

16 février – Mon enfant, ceux qui sont venus à moi ne sont jamais repartis les mains vides. Mais de toi, à qui j'accorde d'écrire mes messages, j'attends beaucoup pour te tirer, même si tu te sens découragé. Ne laisse pas cette impression te rendre impatient. C'est pour cette raison précise que je t'ai laissé finir ton Rosaire aujourd'hui. Être patient c'est me servir comme quelqu'un qui n'a aucun autre soutien.

« Les hommes veulent éviter les ennuis »

17 février – Mon enfant. Ne t'aventure pas sur des chemins qui semblent bons et se révèlent être mauvais+. Ils sont remplis d'orgueil et de puissance et ce sont les chemins de ce monde. Demeure près de moi. Fais attention à ne pas t'engager sur d'autres boulevards. Tu reconnaîtras ma route à ce qu'elle a beaucoup d'épines; elle est remplie de ce que **les hommes veulent éviter, les ennuis !** qui élèvent l'âme et lui font désirer le Ciel, en ne tenant pas compte de la sagesse de ce monde.

18 février – Mon enfant, la vraie sagesse vient de moi et si tu continues à écouter, je te conduirai dans le jardin le plus merveilleux, où ton âme pourra boire à grands traits sa nourriture, et tu y trouveras la vraie joie.

* Proverbs 14:12
(Le Proverbe m'a été montré par l'Ange)

« Il est possible que tu ne comprennes pas tout »

19 février – Mon enfant. Que tu me fasses plaisir ou non, tu es toujours mon petit et je t'aime. Nul ne te séparera de mon amour. Tu peux te juger non qualifié pour tout projet que je forme pour toi, mais cela ne changera en rien les merveilles que j'accomplirai dans ta pauvre petite âme. Mon petit, **peut-être ne comprends-tu pas tous** les secrets de ton âme, c'est avec eux que je travaillerai. Alors n'essaie pas de comprendre, contentes toi de le savoir.

19 février – Mon enfant, ouvre-toi au changement, moins pour le plaisir d'être consolé que pour me faire plaisir dans l'humilité. La vraie dévotion est intérieure et vide d'émotions.

« Mets ton âme à ma disposition. »

Ne crois surtout pas que tu me déçois si tu ne ressens aucune expérience. Car cela te mènerait à manquer de profondeur, à aller vers le néant. Mais plutôt, **mets ton âme à ma disposition**, car maintenant la préparation est terminée. Maintenant commence, pour ton âme, la représentation sur la scène de la vie.

20 février – Mon enfant, sème dans le jardin de ton âme la graine si précieuse de ma grâce. Aide-moi à t'aider à atteindre ce reposoir en toi et là dépose en offrande ton passé avec ses joies et ses peines. Mon petit, construis dans ton âme une grande dévotion pour moi et viens tous les jours te ressourcer à la source de mon amour.

21 février – Mon enfant, aucun instant passé devant mon Fils n'est perdu,

« Prie et crois que tu es entendu »

bien que tu ne puisses pas en connaître le résultat. Ce n'est pas à toi de connaître ces choses. Il t'appartient de **<u>prier et ce croire que tu es entendu.</u>** Mon petit ne te décourage pas à la plus petite chose, la vie est trop courte, aie confiance en moi comme un enfant aux genoux de sa mère, c'est là que mon fils t'accordera sa bénédiction. Ne lui refuse rien.

22 février – Mon enfant, Dieu te sourit lorsque tu t'abstiens de vouloir tout ce qui est si important dans ce monde et que tu te tournes vers ce qui paraît trop fou à l'homme. Lorsque tu gis à mes pieds tout cassé, je prends grand soin que tu repartes en entier. C'est mon rôle de rendre les hommes entiers.

23 février – Mon enfant, sois rempli de grandes espérances en ces jours où Dieu donne ses grâces spéciales à ceux qui ont recours à moi. Je ne peux t'aider que si tu

*« Ne laisse pas Satan arracher les dons
que Dieu te donne »*

me réponds, sinon tu fermes ta porte aux dons de Dieu, si tu négliges mon amour. Dieu t'appelle à un grand renouveau de ta vie. Opte pour lui aujourd'hui et rends moi heureuse. **Ne laisse pas Satan arracher les dons que Dieu te donne** en ce moment. Prie de rester sous mon manteau. Je t'invite mon petit à une prière plus profonde dans ta vie. Réponds et reçois mes dons avec amour.

« C'est seulement par la prière que tu peux apprendre à être bon »

25 février – Mon enfant, **c'est seulement par la prière que tu peux apprendre à être bon.** La Sainte Messe doit être vécue au centre de ta vie. Là tu as le Paradis. Mon enfant je t'invite à prier intensément pendant la Passion de mon Fils. Dieu te donnera des grâces spéciales à ce moment-là *, si tu demandes avec amour. Prie avec amour.

26 février – Mon enfant, l'amour que tu me portes est tendresse pour mon cœur et cela rend mon Fils très heureux, parce que maintenant, il a une tente où il peut se reposer de la bataille. Je t'ai béni et l'amour que je te porte est une bénédiction pour toi. Sois mon messager auprès de tous par ton âme qui se souvient de moi. Quand tu l'auras fait tu seras en paix. Prie avec espoir,

* Pendant la Messe

« Ton seul réconfort est dans la prière »

mon petit enfant, si faible. Maintenant on t'a laissé goûter la fleur de la souffrance et de la solitude, et maintenant tu trouves que **ton seul réconfort est dans la prière.** Mon enfant, les perles sont tellement précieuses, laisse-les devenir ta seule introduction à l'escalier du Paradis. Mon petit, demeure petit. Plus tu recherches les créatures et plus ta souffrance sera grande. Prie, prie et veille avec mon Fils qui veille sur toi très attentivement.

27 février – Mon enfant, mon amour t'a envoûté et c'est ainsi que cela doit être. Écoute mon petit, si tu veux réellement être mon enfant, alors permets-moi de t'envoyer les lys de l'agonie de mon fils. Je t'y invite, accepte avec grâce de souffrir de ma main car

*« Le Paradis, l'ultime Autel où ton
âme trouvera la vraie joie »*

cela te conduira **au Paradis, l'ultime Autel où ton âme trouvera la vraie joie.** Pour progresser en sainteté, tu dois accepter avec joie les épreuves que Dieu t'envoie.

28 février – Mon enfant. Quel que soit l'éclat des rayons du soleil, ils ne sont pas comparables aux grâces que je te dispense. Prie pour ne t'accorder aucun répit pendant la bataille, même si tu penses que tous t'abandonnent. Je suis toujours avec toi.

1 mars – Mon enfant, je t'invite à renoncer à ce trop vif désir de compétence dans les affaires du monde, prie pour être libéré des liens qui ne peuvent qu'alourdir ton âme et te faire perdre la paix.

« Ne sois pas fâché lorsque tu subis de petits préjudices »

Mon petit **ne soit pas fâché lorsque tu subis de petits préjudices,** ils sont un tremplin vers la grâce. Reçois-les avec amour.

3 mars – Mon enfant, si tu veux devenir un saint, alors viens et contemple la Croix. Elle porte un grand enseignement ! Demeurer fidèle et vouloir être saint est l'essence véritable de notre Mère l'Église. Mon enfant, être dirigé seulement pour obtenir une récompense rend futile tout ce que mon Fils a enduré pour toi. Que tu veuilles nous aimer, moi et mon Fils, autant que tu peux, est la véritable signification de la souffrance qu'il a endurée pour toi. Ne laisse pas le temps filer alors que tu peux montrer combien tu m'aimes. Envoie-moi les petites fleurs de ton impuissance. J'en ferai un trésor et les valoriserai bien au delà de leur valeur.

*« Ma tendresse est pure et vient
du Ciel »*

4 mars – Mon enfant, la faiblesse devient force dans les mains de mon fils. Elle rend l'homme docile et conscient de sa destinée. Où trouverais-tu la paix ailleurs que dans mes bras, mon petit ? C'est par mon amour seulement que tu pourras distinguer les merveilles que j'accomplis pour toi. **<u>Ma tendresse est pure et vient du Ciel</u>**. Je t'en prie, ne doute pas de mes paroles. Tu m'affliges lorsque tu désires l'éphémère comme un lac désire l'eau salée. Mon enfant, dépose ces doutes si pesants à mes pieds et je m'en occuperai à ma façon.

4 mars – Mon enfant, être petit c'est être piétiné.

"Prie avec ardeur."

5 mars – Mon enfant, débute chacun de nos dialogues en me demandant comment bien prier. Ainsi je te tiendrai constamment pendant tout le temps, tu **prieras bien** et tu en seras heureux. Mon petit, si tes états d'âme sont étriqués, c'est parce que tu cours avec la marée. Tourne-toi vers moi la prochaine fois que tu te sens ainsi. Mon enfant, à partir de maintenant, je construirai tes pensées et j'organiserai tous les grands et petits événements de ta vie. Mon petit dis bonjour pour moi à « …… »

5 mars – Je sais que parfois cela semble trop haut et trop loin et tu penses « Y arriverai-je jamais ? » Mon petit, sois patient et fais moi confiance. Tu y arriveras ! !

7 mars – Mon petit, une chose devrait te permettre de percer à travers tes épreuves

« Prie, crois, et sache que je suis proche »

et tu devrais t'y tenir, c'est que je t'engage à écouter ma voix en toi. C'est cela qui devrait prendre le plus d'importance, quels que soient les évènements autour de toi. Rien d'autre ne devrait te perturber. Seuls mes mots sont importants. C'est sur eux que tu devrais te reposer. Nulle part, tu ne pourras trouver plus grand réconfort que dans ces mots. Ils sont ta joie. Mon petit, **prie, crois, et saches que je suis proche**. Mon enfant lorsque tu te crois sans force, tu recevras l'onction de mon amour. N'est-elle pas une vraie mère celle qui aime, aime sans cesse et aime toujours. Moi, mon enfant, je t'aime encore plus que cela.

8 mars – Tu dis : « Je trouve ma prière trop mécanique ». Laisse-la venir du cœur et qu'elle se transforme en offrande d'une valeur infinie.

« Tu devrais approfondir ta foi »

8 mars – Tu dis : « Je doute ». Plus tu doutes de mes mots et plus **tu devrais approfondir ta foi.**

8 mars – Mon enfant, merci d'être venu. Si tu savais combien je désire entendre ton pas à la porte de mon cœur. Je veux que tu sois mon Confident, le réconfort de mon cœur. Comme j'attends ces conversations avec toi. Tu m'aides à soulager ma peine.

« Les pécheurs ont dérivé loin de mon amour »

Tellement de **pécheurs ont dérivé loin de mon amour** et maintenant ne voient plus la possibilité de revenir vers mon cœur. Mais toi ! Mon petit instrument, offre-moi ton néant. Ceci est très précieux pour moi, même plus précieux que de prier sans arrêt. Si seulement les âmes pouvaient comprendre que c'est leur faiblesse même qui fait leur force, car elle attire sur elles le regard aimant de mon Fils. Prie pour demeurer près de mon cœur, dans ta petitesse.

10 mars – Mon enfant, C'est en récitant ton chapelet comme je te le demande, que tu sentiras que tu n'as pas mal prié. Je te parle et je continue à te parler quel que soit le rendez-vous que je te donne, après que tu aies dit ton chapelet. Je te conduis. Ouvre moi plus souvent la porte, la porte de la contemplation. Mon petit, le temps s'avance et l'éternité est plus proche.

« Deviens petit. »

J'apprécie de plus en plus nos petites conversations. **Deviens petit**. Chaque petite chose, fais-les en moi.

11 mars – Bonjour, mon enfant. Malgré ton aveuglement laisse-moi te conduire avec confiance. C'est ainsi que Jésus te veut, plutôt que te voir glisser les yeux grand ouverts, enchanté par tous les désirs qui venaient dans ton âme intérieure. Comprends-tu ? Mon petit, désire ardemment que l'amour consume ton âme intérieure. Ne laisse aucun reptile entrer. Chasse-les dès que tu les vois approcher. Prie « O Sainte Vierge, defends-moi » et réponds leur ainsi.

« Je suis l'humilité »

Bien que ton âme soit froide, je souhaite sincèrement y rester. **Je suis l'humilité**. Marche doucement lorsque tu entres dans ton âme. Jésus est endormi là. Chante des hymnes et ils seront la couverture qui lui tiendra chaud. Tel est l'amour, l'amour sage. Reflète-moi en aimant tout le monde, surtout ceux qui t'ont fait du mal.

12 mars – Bonjour mon petit. Même si tu te sens paralysé par les tentations, prie. Même si la tendresse t'abandonne et que tu ne ressens plus que sècheresse, prie, prie ! C'est seulement dans la prière que je te bénis et c'est lorsque tu pries que la grâce t'est accordée. Alors, prie sans cesse.

12 mars – Bonjour mon enfant. C'est seulement par la grâce qu'une âme peut atteindre la perfection, alors que l'amour en fait grandir le désir.

« Tu dois m'autoriser à détruire le péché dans ta vie »

Seul Dieu élève l'âme et nulle âme, même si elle essaie, n'atteindra la sainteté sans grâce….. Si seulement cette âme remettait entre mes mains son attente, je lui permettrais malgré sa faiblesse de toucher le trône de Dieu et l'aiderais à atteindre le Ciel.

13 mars – Mon petit, Dieu t'a déjà gratifié de beaucoup de faveurs, mais il veut t'en donner encore plus, mais il faut que **tu m'autorises à détruire le péché dans ta vie**, et ainsi je peux te conduire à la joie durable du Ciel.

13 mars – Mon petit, demeure en mon amour, c'est ici ton reposoir. Je veux que ton âme s'élève au dessus de cette terre et goûte la douceur du Ciel. Mon enfant, mon cher petit,

« Reste près de moi »

reste près de moi, près du cœur de ta Mère qui te console dans toutes tes épreuves. Aujourd'hui je t'invite à porter la flamme d'amour et à la sceller sur ton cœur. Tu sauras de quoi il s'agit, je te la donne maintenant. C'est l'amour que tu me portes. Cet amour, je vais le faire grandir dans ton cœur froid jusqu'à ce qu'il soit un feu de grande vivacité qui brûlera dans ta poitrine éternellement. Mon pauvre instrument, prie moi pour que je puisse te mouler et te protéger des griffes de mon Adversaire qui ne pense qu'à la façon dont il va te détruire.

« Ouvre la porte de ton cœur »

14 mars – « Marie, aide moi ». Mon cher petit, **ouvre-moi la porte de ton cœur** et n'aie pas peur de m'aimer de toute ton âme. Aimer Dieu à travers mon cœur, c'est ce qui rend à Dieu la plus grande gloire. Oh mon enfant au cœur si timoré, ne comprends-tu pas que ton amour pour moi est embelli, attisé et donné à Jésus, pour sa plus grande gloire. Mon cher enfant, mets tout à ma disposition même tes plus petites actions pour que Jésus puisse les regarder et se laisser charmer par leur beauté. Mon enfant, c'est par tes plus petites actions, lorsque tu les fais pour moi, que tu Lui donnes une grande joie. Comprends-tu ?

16 mars – Bonjour mon enfant, merci de venir. Lorsque tu viens ainsi, je suis heureuse de te voir et de te bénir. Tu es à moi et j'ai pour toi un amour très particulier, tout près de mon cœur, uni

"Repose dans mon Coeur Immaculé."

à celui de mon Fils, qui t'aime tant ces jours-ci. Ces moments que tu passes avec moi et mon Fils sont ceux où Dieu te donne beaucoup de grâces. Adresse-toi à moi pour tout ce dont tu as besoin et tu ne seras pas déçu. Mon enfant, je te bénis. Sois fort dans l'amour que tu me portes. C'est tellement important pour moi de te voir venir chaque jour. Je t'aime mon enfant et je te conduis à mon Fils, la joie de ta vie.

17 mars – Merci d'être venu, mon enfant. Demeure dans mon Cœur Immaculé. C'est là ta place, mon petit, dès maintenant, en moi. L'éternité te fait signe. C'est mon amour

« Purifie tes intentions »

et seulement lui qui te tire. **Purifie tes intentions** et tu deviendras alors comme de l'encens devant mon Fils.

18 mars – Ne garde rien pour toi : imite-moi !

19 mars – Mon enfant, élève tes pensées au dessus de cette terre. Pense au Ciel. Tout le reste est d'une grande insécurité et te laisse vide.

DANS LE BUS.

19 mars – Tu dis : « Où es-tu maintenant ? » Je suis toujours dans ton cœur ou plutôt tu es toujours dans le mien. Tire réconfort de cette pensée.

21 mars – Bonjour mon enfant, merci d'attendre patiemment. Mon cœur t'aime de plus en plus pendant que tu attends patiemment

« Je protège ton âme »

mon amour. Tu vois comme je suis impatiente de te parler et comment je te permets d'entendre ma voix. Ne suis-je pas la tendresse même ? Ne suis-je pas la lumière de ton cœur lorsque nous sommes unis, cœur à cœur, ta main dans la mienne, et moi te tenant, et t'aidant à faire face aux difficultés de la vie et à ses détresses. Ne penses-tu pas que je sois capable de te conduire aussi à travers tes petites épreuves de la vie ? C'est Dieu qui m'a placée comme un havre contre n'importe quelle tempête. Y a-t-il pas endroit plus sûr que mon cœur ? **Je protège ton âme** si tu la mets entre mes mains. Donne-la moi maintenant, à cet instant !

DANS MA CHAMBRE

22 mars – Regarde mon enfant, comme il est facile de m'appeler. N'aie pas peur.

« Je suis là, j'attends »

N'aie pas peur. **<u>Je suis aux petits soins pour toi ici à t'attendre</u>**, mes bras déjà grand ouverts. Tu n'as même pas besoin d'appeler. Tu n'as qu'à me regarder. Tu n'as pas idée de qui je suis. Je suis dans ton propre cœur. Là est mon cœur ton cœur bat dans le mien. Chacune de tes pensées, je les connais, chaque petit regard, je le vois. Même les plus petits rêves que tu as faits, je les connais, alors s'il te plait, appelle-moi ! Désire-moi et je serai là à t'attendre. Dois-je t'en dire plus ? C'est tellement simple !

23 mars – Toi, mon enfant, qui prie le «Salve Regina», tu ne vois pas ma prière au travail dans ta vie. Elle l'est sur chaque clôture, sur chaque route, pour ceux à qui tu parles. Ne vois tu pas que dans ton cœur, dans ton âme, se trouve ma clémence, ma tendresse et l'espoir que je te donne. Tu viens ! je te réponds. Tu pleures ! Je console. Mon amour

« Tu es trop facilement enclin à rejeter mes messages »

enveloppant devrait être le vrai centre de ta vie. Ne le vois tu pas ? Il est partout. Je suis chaque petit coin de ta journée, dans cette vallée de larmes. Ce n'est pas ton esprit qu'il faut mettre dans mes mains mais ton cœur.

25 mars – Mon enfant, au cours de mes petites conversations avec toi, j'ai souligné l'importance de notre union. Mon amour est pour toi. Parfois tu ne penses même pas combien je t'aime. **Tu es enclin trop facilement à rejeter mes messages** au moment où le corps est menacé en quelque façon propre à ce monde. Mon enfant, mon amour inclut toute ta vie, même plus tard, lorsque tu me verras face à face.

« Ne t'inquiète de rien »

Alors s'il te plait, **ne t'inquiète de rien**, juste toi et moi.

26 mars –   Mon petit. Si seulement tu m'autorisais à être le lieu de ton repos, je pourrais transformer chaque instant pour toi

26 mars –   C'est seulement par mon amour que tu en viendras à désirer ce qui ne passe pas. Après tout, je viens avec l'encens céleste pour lever avec toi, le voile qui couvrait la beauté invisible de mon nom. Vois-tu que chaque petit recoin de ta vie que tu me donnes je le transforme en gloire pour toi. Donne ! Apprends à me vouloir, dis-moi que tu veux mon amour. Je t'aime plus que toi tu pourras m'aimer. N'est- ce pas moi qui suis venue à toi en premier lieu ? Alors prends ma main ! Laisse-moi te conduire là où je te conduirai.

"Tu seras peut-être ridiculisé… ceci n'a pas d'importance."

28 mars – Bonjour, j'écoute, je prie. J'écoute, j'intercède. Je t'aime maintenant… As-tu besoin d'autre chose?

29 mars – Écris ! Tu seras peut-être incompris. Tu seras peut-être ridiculisé. Ca ne devrait pas avoir d'importance. Ma seule tendresse te soutiendra. Ne te laisse déconcerter par rien. Tout vient de moi et vise à t'aider à progresser en vertu. Prie moi pour venir plus souvent vers Jésus et moi. Je t'offre cette fois d'être aussi près que tu veux de la Reine de ton âme. J'invite ton âme à quitter le monde et à s'élever vers le Ciel, mais seulement si tu réponds. Ton âme doit d'abord être éprouvée avant de goûter la flèche de mon fils. Ce n'est pas à toutes les âmes qu'est révélée cette beauté.

« N'essaye pas d'étouffer cette petite voix ... C'est Satan qui te trompe »

Deviens mon serviteur de bon gré, et tu pourras pénétrer ce saint des saints. Merci mon petit ! Travaille davantage ce total abandon. Oh mon petit, **n'essaie pas d'étouffer cette petite voix. C'est Satan qui te trompe**. Prie ! Aime ma voix et elle va pousser comme une graine dans ton cœur jusqu'à ce quelle affecte tout ce que tu fais, dis et désires. Laisse-la pousser. Écris, écris ! Prie !

DANS MA CHAMBRE

29 mars – Bonjour, bonjour, n'aie pas peur ! Tu sais que je suis avec toi et que je te protège. Laisse croître cette intimité, moi en toi. C'est ce qui te fait vivre avec une plus grande conscience du ciel tout autour de toi. C'est seulement parce que je reste avec toi.. Sais-tu combien de marches tu dois gravir pour m'atteindre ?

« Je sais avec quelle incrédulité tu regardes cela »

Je facilite tout pour toi. **Je sais avec quelle incrédulité tu regardes tout cela**. Regarde ta chambre, elle ressemble à ton cœur, et pourtant je viens. Ne regarde pas autour de toi lorsque tu entends ma voix. Elle est dans ton âme profonde. Demande-moi comment grimper le chemin de la sainteté. Tu es appelé, c'est pour toi ! Garde-moi dans ton âme si petite et si jeune.

30 mars – Tu as bien perçu le travail que j'ai fait en toi aujourd'hui, je le sais! Garde bien tout ce que je te dis. C'est plein de secrets célestes et inondé de la rosée de l'onction de mon Fils. Tu ne trouveras cela qu'en moi, en écrivant joyeusement mes mots dans ton âme. Quelle beauté étonnante demeure en toi? Moi ! Si seulement je pouvais soulever le voile un peu plus, mais tu mourrais de bonheur, si je le faisais.

« Reviens dans les profondeurs de ton âme, retournes-y souvent»

Fuis le monde et **reviens dans les profondeurs de ton âme. Retournes-y souvent.** C'est là qu'est ton chez-toi. Tu ne trouveras pas dans le monde, ce que tu recherches. C'est seulement au dedans que tu verras la vraie joie. Si tu n'écris pas, comment en viendras-tu à savoir qu'écrire mes messages te donne la joie.

30 mars – Mon petit, prie, écoute et demeure ouvert ! Une pierre peut-elle s'ouvrir, si on la laisse se couvrir de mousse* ? Alors toi aussi, soit prêt à être industrieux lorsqu'il s'agit de ton âme. Je t'enseigne des choses célestes, mais tu dois résolument faire de la place pour moi dans ton cœur. Mon enfant, être petit, voilà ton charme. Je sais que tu as peu de valeur, mais

* La mousse de ce monde

*« C'est aux faibles et aux petits que
Dieu se révèle »*

c'est sans importance puisque **c'est aux faibles et aux petits, que Dieu se révèle**. Prie et persévère !

31 mars – Oh Marie, je suis ici avec toi, aide-moi ! Bonjour ma jeune et petite âme. Ne puis-je te laisser une seconde que tu ais besoin de moi. Mais tu as tellement peu compris que je suis ta petite voix. Prie pour avoir ma chaleur. Je ne pourrais pas te quitter. Laisse-t-on un oiseau malade sur le bord de la route ? Personne n'a autant de compassion que moi.

« Tu ne te tromperas pas en écoutant ma voix »

<u>Tu ne te tromperas pas en entendant ma voix.</u> Laisse-la t'entraîner plus profondément dans cet endroit céleste de ton âme. Ma voix aspire à être entendue. Tellement peu de gens veulent écouter Dieu qui les appelle. Il existe une telle foison de dialogues distrayants. L'homme a perdu son âme dans les tours et détours du Mammon terrestre. Il ne trouve plus la joie en lui-même en son âme. Il ne reconnaît plus la voix de Dieu en lui. Mais toi tu as trouvé cet endroit secret, ce reposoir. Déposes-y tous tes doutes et soucis. Je reste avec toi maintenant pour des raisons que tu connais bien peu. Cela doit être ainsi. A toi, il t'est donné d'y écrire maintenant, alors pourquoi le remettre à plus tard ? Je t'ai laissé entrer. C'est assez pour toi. Aie confiance en moi et continue à écrire. C'est moi, c'est vraiment moi!

« Mon amour est une voile gonflée et libre, hisse ton foc et attrape mon amour comme un vent léger qui gonfle ton âme »

31 mars –   Ceci est mon cœur désireux que tu te rapproches de moi. Ne sens-tu pas que je t'appelle quelquefois. J'aime venir visiter ton âme, si petite ! Je n'hésite jamais à relâcher l'approche formelle que tu penses que je devrais avoir puisque je suis la Reine du Ciel. Je veux être peu cérémonieuse avec toi comme une mère avec son enfant. Rappelle-toi que lorsque je venais avant, sans m'annoncer, tu essayais de me combattre ! Combien tu pensais que je ne pouvais pas être aussi condescendante. **Mon amour est une voile gonflée et libre. Hisse ton foc et attrape mon amour comme un vent léger qui gonfle ton âme**. Tu devrais toujours être ainsi, à attendre que je m'invite dans ta routine journalière. Attends-moi !

1 avril – Bonjour, je suis ici avec toi. Ne pourrais-je te demander

*« Dieu est impatient de grandir dans
le cœur de tous mes enfants »*

un petit sacrifice aujourd'hui ? N'est-ce pas là ta récompense ? Tu sais que si je ne viens pas tu peux m'aider en l'offrant. Aime-moi avec ces petites orchidées, elles sont tes présents pour moi, et je les donne à mon Fils. Mon petit, la large ceinture de nuages qui traverse la ville devrait te rappeler combien **<u>Dieu est impatient de grandir dans le cœur de tous mes enfants</u>**. Les nuages cachent un grand désir de Dieu. Prie à cette intention pour que toi aussi tu sois pris par surprise par cette éruption, comme tu l'as été ce soir. Tourne toi vers ma main maternelle. Désire ! Recherche-moi tout le temps comme moi je te recherche dans ton âme.

« Sois toujours en Paix »

2 avril – Bonjour mon enfant, merci de venir. **Sois toujours en paix**. Je deviens ta petite lettre envoyée à tous ceux qui me liront. Repends-toi de chacun de tes doutes. Remets tes petites impatiences entre mes mains. Mon jeune et tendre enfant, câline mon amour dans ton cœur, il te gardera au chaud.

6 avril – Bonjour mon enfant, souviens toi que seule la prière est ce qui te maintient ouvert à moi. Par ma petite voix j'attendris ta journée. Où serais-tu, si tu n'avais pas mon affection ? Quelqu'un d'autre pourrait-il te donner plus ou te donner la joie en ton cœur. Mon tendre enfant je te borde chaque soir et te bénis le matin par ma présence. J'attends à chaque instant un petit regard de mon petit. J'ai hâte que tu m'appelles, pour que je puisse m'inviter en toi. Mon petit, demain, souris à chacun avec mon sourire et regarde leur cœur s'éclairer.

*« Laisse-moi prendre toutes tes petites
distractions »*

Je t'écoute d'autant plus lorsque tu es triste et plein d'inquiétudes. Ne pense pas que je me fatigue de toi. Jamais! Mon tendre enfant, **laisse-moi prendre toutes tes petites distractions** pour que je puisse alors, prendre leur place. C'est si simple !

9 avril – Merci de venir mon enfant. Ta petitesse devrait être soulignée par la prière. Tu laisses trop de lézards entrer par la porte et tu n'es pas aussi dépendant de moi que je l'aurais aimé. Prie contre ces intrusions. Mon petit, la grâce t'est donnée lorsque tu essayes de te tenir à moi. Ne pense pas que tu n'as pas beaucoup à m'offrir.

« Offre-moi même tes insuffisances, je les changerai en or pour toi »

Lorsque tu penses cela, **<u>offre-moi même tes insuffisances</u>**. Celles-là, je les transformerai en or pour toi, comme je l'ai fait des grains de ton Rosaire, même si tu venais tout juste de te mettre à prier. Mais je suis bonne comme cela avec toi. Je suis une vraie mère pour toi, tu le vois bien.

10 avril – Ecris mon enfant ! Tu as été amené ici, ce soir, je t'ai appelé, m'as-tu entendue ? Oui Marie était-ce toi ? Mon petit, si plein de petites confusions terrestres, au sujet des choses, des gens et des évènements qui pourraient arriver. Je règle tout. Tu dois apprendre à me laisser régler toutes ces choses. Si tu pouvais simplement cesser de les laisser t'entraîner de force et te rappeler que je suis plus grande

« Je ne laisse pas se perdre même ton plus petit souci »

qu'elles. Moi ! **Je ne laisse pas se perdre même ton plus petit souci** et je m'en occupe. Mets-toi tout entier sous ma protection.

Apr 11 – Mon petit, laisse-toi dériver chaque jour sans autre gouvernail que moi.

11 avril – Bonjour, Je suis vraiment une Mère pour toi. Tu vois comment je me glisse dans ta vie avec ses hauts et ses bas. Comment ta journée prend une nouvelle dimension lorsqu'elle est en moi ! Mon petit, tu es tellement petit ; Si même je te laissais un seul instant tu irais à la catastrophe en tout. Tu n'aurais plus la volonté de rechercher le Ciel, ni même de petites victoires. Mon petit, tu as besoin de moi. N'attends pas de t'être totalement épuisé et d'avoir utilisé toutes les possibilités pour

« Tu n'es rien sans moi »

comprendre que **tu n'es rien sans moi**. Tu ne peux rien conduire à son terme sans moi. Quand seras-tu prêt à dire « Je suis à toi, viens ! » Ma grâce est ici. Seul, tu ne peux pas le faire !

Ap13 avril – Mon cher petit enfant. Prie ! Dieu te donne ses grâces spéciales lorsque tu pries mon Rosaire. Mon pauvre petit, ne t'inquiète pas quand tu es piétiné par Satan. L'aide n'est jamais très loin mais tu dois être patient et me servir. Mon petit, je te bénis, prie !

13 avril – Bonjour mon petit enfant. Ces moments que nous avons sont comme

« Je trace avec mon amour une chaîne d'or autour de ton existence bourdonnante. »

des découvertes rares. **Je trace avec mon amour une chaîne d'or autour de ton existence bourdonnante**, son éclat est si peu terrestre que même les anges sont remplis de délices. Et pourtant tu doutes ! Il semble bien que tu ne sais pas à quel point elle peut être cachée, mais je t'assure, même si le soleil oubliait de se lever demain, ce serait une petite chose en comparaison de ce que nous sommes en train de faire toi et moi.

13 avril – Mon petit, tu es très petit. N'essaye pas de toujours tout maîtriser. Tant de fois tu te sentiras perdu. Une goutte dans la marée de l'existence humaine peut être, mais pour moi une goutte très précieuse !

14 avril – Mon petit, dois-tu chaque fois trouver une raison à ta vie ? L'amour ne suffit-il pas ?

« Nulle part ne pousseront les lys, si tu ne cultives pas ton désir d'être près de moi »

14 avril – Bonjour mon petit. Prends ma grâce, je te l'offre chaque jour. Demande ! et j'illuminerai ta pauvre âme de ma sagesse, folie aux yeux des hommes, mais plus claire que le soleil de midi. Elle déverse la lumière dans les coins sombres de ton âme. Prie et toutes sortes de malheurs te seront épargnés. Mon enfant **nulle part ne pousseront les lys, si tu ne cultives pas ton désir d'être près de moi**. Le pardon de Dieu t'est donné lorsque tu me regardes. J'autorise ( ) à percevoir ma rosée céleste avec toi. Ce devrait être une joie pour toi. Prie ! Je ne peux pas insister davantage. Le moindre souffle t'éloigne de moi ces temps-ci. Essaye de tenir.

« Décide de vouloir me regarder »

<u>Décide de vouloir me regarder</u>, Je te conduis vers le Ciel. Mon petit, je te le rappelle tu es si petit, j'ai besoin de te rappeler mes sourires chaleureux et pleins d'amour. Laisse mon manteau, que je t'ai demandé de tenir, te garder de dériver en dehors de toi-même en m'oubliant. S'il te plait, tiens bon !

15 avril – Bonjour mon petit amour, bienvenue ! Je me fais aimer de toi, tu vois. Dis-moi que tu as besoin de moi et je serai tellement rempli de joie. Ca sera une joie pour moi de rester avec toi, tu réjouis tellement mon cœur. Mon cher enfant, simplement parce que tu es petit, je te demande de poursuivre, dans la plus grande confiance, nos petites conversations. Elles te conduiront vers des grâces spéciales que je te donnerai. Mon petit amour, où trouves-tu un endroit plus confortable qu'en ma présence !

« Je suis souvent à tes côtés »

Les jours ne sont pas assez longs pour moi, pour te montrer combien je suis heureuse en ta compagnie. Bien que la croix pèse lourd dans ta vie, mon Fils te permet de marcher avec lui dans sa souffrance, ce qui devrait t'apporter une grande consolation. Penses-tu que je te quitterais même pour un moment! **<u>Je suis tellement souvent à tes côtés</u>**! Mon cher enfant, prie ! Fais-moi entendre et voir que tu me regardes comme je te regarde. N'est-ce pas pour ma simplicité que tu es tellement attiré par moi ? !

16 avril – Hello ! Mon cher enfant, Dieu t'appelle à être Son petit ami. Prie pour répondre. Je t'aide à grandir à travers mes petites conversations avec toi. Ne sens-tu pas comme ta vie s'élève vers une nouvelle connaissance de Dieu et de moi ! Le sens-tu ? Mon petit, prie !

« Sois avec moi dans ces pensées »

Tu ne dois jamais laisser la sécheresse ou la distraction te couper de moi. Mon enfant j'ai été avec toi d'une façon toute particulière. Je t'invite à **être avec moi dans ces pensées** pour que tu demeures tout près de moi et que tu répondes à mes messages. Je te donne la grâce à travers eux.

17 avril – Bonjour mon tendre enfant, tu as remarqué que je te permets tellement d'être toi-même que je ne t'éloigne pas des choses que tu aimes. Mais bientôt je te demanderai de me donner aussi ces choses là, tu comprends ? Mon petit, j'ai été tellement patiente avec toi, s'il te plait, sois patient avec moi. Mon petit, je suis si tendre avec toi. Cela paraît tellement merveilleux, trop grand pour toi. Prie, fais-moi confiance. Prie, crois-moi, prie. Je suis bien réelle, prie !

18 avril – Bonjour mon enfant ;

« Sois disponible à chacune de mes impulsions »

Je te remercie pour ta fidélité à venir lorsque je t'appelle. Être à l'unisson de mes souhaits, c'est ce que je te demande de même que ta vie soit en conversion permanente avec moi et mon Fils. Oui ! Je sais ce que tu penses ! N'aie pas peur, ce n'est pas ton imagination. Mon petit, **sois disponible à chacune de mes impulsions** actuelles ainsi tu resteras près de mon Fils.

19 avril – Bonjour mon petit, apporte toutes tes petites odeurs que tu trouves déplaisantes en toi, et dépose-les à mes pieds. Là, je demanderai à Dieu de leur donner la fraîcheur pour que tu puisses marcher plus près de moi. Mon enfant rallume le cierge tous les jours si tu veux demeurer vert et plein de sève. Prie pour comprendre ma miséricorde pour toi, mon petit. Tu oublies que c'est une grande grâce qui

« Pour toi et finalement pour tous ceux que mon Message de Miséricorde atteint »

te rend capable d'écrire ce que je te donne. **Pour toi et finalement pour tous ceux que mon message de Miséricorde atteint**. Prie pour communiquer avec moi et continuer à écrire, même si tu ne le veux pas. Prie à propos de tout. Tout ! Pour être sûr que tu projettes toute ton attention vers mon cœur. Je te bénis. Paix et amour. Merci de ta constance à venir dès que j'appelle.

21 avril – Mon petit, la raison pour laquelle tu es encore tellement craintif à propos de ton futur est que tu n'es pas encore près de m'abandonner ta vie comme un enfant.

*« Sans même y réfléchir, tu es en train
de rechercher les mauvaises choses »*

Sans même y réfléchir, tu es en train de rechercher les mauvaises choses.

21 avril – Bonjour mon pauvre petit, présente-moi ce qui t'entraîne à maintenir ton cœur éloigné de moi. Tu dois agir délibérément en me laissant t'entraîner loin des anxiétés de ce monde. Prie avec moi, accroche-toi à moi. Pense au ciel et regarde-moi. Mon enfant si tu veux connaître mon cœur tu dois prier, sinon tu ne comprendras pas le don que je te fais. Merci de ta fidélité.

22 avril – Bonjour mon petit, je suis ta tendre Mère. Je t'invite à être très sincère lorsque tu es avec moi. Ceci devrait te donner la joie. Ne te demande pas comment tu devrais vivre, vis mon enfant, sous ma protection. Quelqu'un peut-il te donner plus que ce que tu

« Ne t'alourdis pas du fardeau de ce monde pour les choses »

pourrais avoir sans moi. Que ton cœurne désire que les trésors du Ciel. Pense souvent combien je te bénis et te gardes en sécurité. Mon petit, reste à un niveau tel que tu perçoives mon amour spécial où que tu sois. **Ne t'alourdis pas du fardeau de ce monde pour les choses.** Je suis tout ce dont tu as besoin. Prie avec moi !

23 avril – Bonjour mon petit. Comme tu as besoin de moi, pauvre petit instrument ! Je te donne mon amour maternel pour que tu puisses poursuivre ton chemin vers mon Fils et moi. Mon petit, prie pour chacun, demande mon aide, même pour les choses ordinaires pendant la journée. Je suis ta Mère et c'est pourquoi

« Écoute mes messages »

tu as besoin d'**écouter mes messages** de Miséricorde. Ta joie débordera encore plus si tu les reçois avec amour. Merci de venir !

23 avril – J'ai dit : «Tu me manques terriblement ». Mon tendre petit, prends mon cœur et tu ne seras pas seul. Si douillet ! Impossible de trouver un cœur plus aimant que le mien ! Tu devrais essayer de sortir souvent de toi-même vers mon cœur. Mon enfant essaye d'être plus proche de moi que tu ne l'étais hier. Oh mon petit, donne-moi tes pauvretés, je suis riche de grâces et je te remplirai. Mon petit sais-tu cela ! Je te regarde en ce moment même et te souris. N'est-ce pas une pensée merveilleuse. Retiens-la bien, de peur de manquer d'attraper sa clarté. Réfléchis à ceci. Est-ce que je ne te porte pas une attention toute spéciale, mon pauvre petit !

« Que puis-je dire si tu ne pries pas ? »

N'est-ce pas une marque de mon amour tout spécial pour toi. Peux-tu encore laisser place pour douter de mes tendres moments avec toi.

24 avril – Mon petit, la prière ! La prière ! **<u>Que puis-je dire si tu ne pries pas!</u>** C'est par ton cœur que je voudrais t'exhorter, prie ! Je ne peux pas en souligner l'importance ! Mon petit apporte-moi ton chagrin, tous tes troubles et même tes tentations, alors je pourrai t'aider à les surmonter. Comprends- tu ? Mon petit enfant, tu vas avoir des visiteurs, ouvre leur ton cœur, prie pour qu'ils aient un bon séjour, aide-les, prie pour eux. Mon enfant quelquefois tu ne veux pas faire ce que je te dis. Tu es têtu. Aide-moi à ôter cet obstacle de ton cœur. La prière ! La prière c'est le seul moyen que tu as. Je reste avec toi, je suis bonne avec toi, donne-moi ton amour en retour

« N'est-ce pas le plus petit et le plus faible de la famille qui a besoin du plus d'attention ? »

en m'invitant dans ton cœur. Merci de venir, mon enfant.

25 avril – Mon petit, tu te demandes pourquoi je viens de cette façon. **<u>N'est-ce pas le plus petit et le plus faible de la famille qui a besoin du plus d'attention ?</u>** Tu dois croire que tu es celui que j'ai choisi pour écrire, tout faible assurément que tu es, mon message de Miséricorde au monde. Mon enfant Dieu veut que tu saches que la vie est courte et que tu étais fait pour l'éternité. Tu as été tout spécialement choisi, mais tu ne comprendras pas tout ce que je fais. C'est seulement au ciel que tu comprendras tout. Prie ! Remercie Dieu de cette grâce. Je te bénis et je viens réellement.

*« Je suis ta mère et c'est pour cela que
je reste avec toi »*

Je suis ta mère et c'est pour cela que je reste avec toi. Je ne t'abandonnerai jamais. Merci de ta fidélité.

26 avril – Bonjour mon enfant. Toi, comme beaucoup d'autres, vous considérez mon amour comme acquis ; mais lorsque les choses vont mal, vous êtes là avec vos pétitions. S'il te plait mon enfant, je ne veux pas avoir à te le redire : tu as besoin de moi dans les bons et les mauvais moments, maintenant plus que jamais, alors que Satan redouble d'efforts pour te détruire, toi et tout ce que je fais pour toi.

27 avril – Bonjour mon petit, je viens à toi fraîche comme une fleur du matin. Laisse ma voix faire fondre ton cœur et l'épanouir sous mon regard aimant. Tu es tellement occupé par telle ou telle tâche

« Tu oublies que je suis ton petit gouvernail »

que **tu oublies que je suis ce petit gouvernail** qui devrait te guider et que je bénis chaque tâche que tu entreprends. Souviens-toi mon petit que tu as une vraie mère en moi. Je t'aide à passer chaque épreuve de la journée en paix et calmement. L'as-tu remarqué ? Comme la nouvelle pousse, développe-toi sous ma protection et n'essaye pas de précipiter mon toucher maternel dans ta vie. Laisse-moi faire tout à mon rythme. Merci de venir !

28 avril – Bonjour mon petit, je te donne la joie lorsque je viens. C'est pour te garder proche de tout ce que je fais ici. Ne t'inquiète pas, je ne te quitterai pas. Je suis avec toi chaque jour ; s'il te plait, sois en bien conscient. Mon petit, si tu ne me vois pas à l'œuvre, c'est que tu oublies d'intensifier ton désir du Paradis. C'est pour cela que je reste si longtemps avec toi, pour t'aider à

« Prie lentement ! Prends ton temps pour prier. »

comprendre que je te veux avec moi au Paradis. Que ceci pénètre ta vie dans tout ce que tu fais. C'est ainsi que tu devrais être, mon petit enfant, en me laissant tout faire pour toi. Merci de ta fidélité.

29 avril – Mon cher enfant, ton impatience devrait m'attrister. Mais une mère te regarde et te sourit. **Prie lentement ! Prends le temps de prier.** Tu es mon petit enfant et je veux que tu sois tendre lorsque tu pries, alors ne pense qu'à me faire plaisir. Mon petit, ne te demande pas sans arrêt « Qu'est-ce que je fais ici ? » Si tu veux vraiment m'aimer, ne laisse pas de telles pensées te troubler. Je t'invite à pousser hors de ton âme tout ce qui te trouble et à m'y inviter. Mon enfant,

« Être saint, c'est être calme à l'intérieur de soi. »

être saint c'est être calme à l'intérieur de soi, peu importe la tempête dehors. Mais tu dois prier pour comprendre ce don que Dieu te donne. Merci de venir.

30 avril – Bonjour mon enfant, n'aie pas peur de venir me voir n'importe quand, je suis ici pour recevoir toutes tes demandes. Mais je ne peux pas te donner ce que tu demandes si tu ne pries pas. Mon enfant, j'ai des grâces pour toi mais tu ne réponds pas de la façon que je te demande, et par conséquent elles se perdent. Mon enfant demande à Dieu la force de rester avec moi pendant cette période, parce que Satan te tend beaucoup de pièges. Prie ! Merci de venir !

3 mai – Mon petit, prie et tourne toi vers moi pour tout, je ne te décevrai pas. Être prêt à accepter ce que Dieu t'envoie est une grâce, prie pour recevoir

« C'est seulement par le Rosaire que tu me rendras heureuse »

cette grâce. **C'est par le Rosaire seulement que tu me rendras heureuse** et que tu maintiendras Satan à la porte de ton cœur. Je pense toujours à de nouvelles façons de te montrer que mon amour est bien réel et que je te laisse entendre et écrire mes messages de miséricorde. Pense à eux de nouveau. Qu'ils deviennent des rappels de mon amour pour toi. C'est à toi que je les donne. Tu penses que cette grâce est réservée à ceux qui sont déjà sauvés. Mon petit la précieuse tulipe que je te donne est parfumée du Ciel, et elle te guidera vers la vertu. Prie !

5 mai –   Mon petit, prends tout ce que je te donne et médite-le dans ton cœur. Ce sera de la nourriture pour toi, ça te soutiendra et tu seras en sécurité dans mes bras.

*« Dieu te demande ton engagement
total envers moi. »*

Mon tendre enfant, rappelle-toi que rien ne te donnera de plus grande joie que d'être avec moi et mon Fils Jésus. **Dieu te demande un engagement total envers moi.** Confie ton cœur à mes soins particuliers. La prière est comme l'eau, elle aide ton âme à devenir plus belle. Mon enfant, mon Fils Jésus te regarde. Il veut que tu t'approche plus près et il te donne Ses grâces spéciales. Mon enfant reste petit, même si le monde te rejette, ça n'a pas d'importance. Je t'aime et je te berce comme mon propre enfant

6 mai – Bonjour mon tendre enfant, je suis très contente de toi, tu m'apportes des fleurs de joie et les donne à mon Fils.

« Je bénis également chacun de tes petits devoirs. »

Je bénis également chacun de tes petits devoirs, ne pense pas qu'ils soient trop petits pour moi, pas du tout, et je voudrais ta présence même si tu n'avais pas de devoir à remplir. Mon enfant, ne vois pas la vie en noir avec ces petits hauts et bas. Là où il y a la croix, tu peux être certain qu'il y a de la joie. Comprends-tu ? Prie ! Merci ! Ce sont les désirs simples qui font épanouir la sainteté. Je viens en toute plénitude, cherche à profiter pleinement de mes trésors. Cherche le Ciel où tu seras heureux. Merci d'être venu !

7 mai – Mon enfant, Dieu te demande de vouloir ce que je veux et non pas ce que le monde peut t'offrir. Tu me sépares de toi lorsque tu t'inquiètes sans nécessité de tout tenir sous ton contrôle, pourquoi ? Ne t'ai-je pas dis

« Tu n'as besoin de t'inquiéter de rien. »

que **tu n'as besoin de t'inquiéter de rien**, mais de te tenir à moi. Mon tendre petit laisse ta journée s'emplir de la pensée que je te souris. C'est comme cela que tu devrais penser. Je suis celle qui tiens ton futur. Merci d'être venu !

8 mai – Bonjour mon enfant, c'est seulement dans mon cœur que tu seras en sécurité. Je te ramène vers moi; même lorsque tu chutes, je te donne ma grâce. Mon petit, écoute-moi à cœur ouvert . Quelquefois je te laisse pour que tu réalises combien tu devrais dépendre de moi. Mon enfant regarde les nouvelles pousses, les fleurs, les ciels bleus,

*« Apprends à te réjouir de tout ce que
Dieu te donne. »*

et **apprends à te réjouir de tout ce que Dieu te donne** et ne regarde pas toujours le mauvais côté. Tu m'as, moi, ainsi que mon amour ; laisse ma main te guider. Je t'invite à un printemps toujours nouveau dans ton cœur, un printemps où Jésus peut effectuer des promenades d'amour et se réjouir de ton charme et de ta beauté. Laisse-moi cultiver ton âme. Merci d'être venu !

9 mai – Bonjour mon petit. Même si, subissant toutes les épreuves tu es à terre et que tu penses que rien ne peut te tirer de là, un seul regard de moi te sortirait immédiatement de toutes tes difficultés. Mon enfant, tu vois ainsi combien je t'ai protégé. Je ne laisse aucun mal t'atteindre. N'est-ce pas une chose merveilleuse que je fais pour toi en venant vers toi ainsi ? Dis-moi ! Parle m'en. Rappelle-toi de la paix que je donne à ton âme. Accroche-toi à cette paix.

« Relis-moi ! Il y a toute une construction à comprendre, un bloc après l'autre. »

Mon enfant, tu es tellement plein de petites faiblesses, je suis obligée de t'envelopper sous mon manteau de peur que tu ne sois emporté par la plus petite épreuve. Tu comprends ? Pauvre petit. Merci de ta fidélité !

14 mai – Mon enfant, attache-toi à ce que je t'ai donné, et **<u>relis-moi ! Il y a toute une construction à comprendre, un bloc après l'autre.</u>** Mon petit, suis toutes mes petites volontés pour ta vie. Tu m'appelles trop peu souvent ces temps-ci et je suis écartée de la plupart des instants de ta vie. Je veux partager avec toi chacun de tes instants. Ne prends pas tout pour toi, et laisse-moi toujours une place pour moi en toi. Tu comprends ? Rien n'est utile pour toi si je n'y suis pas impliquée. Si tu ne me laisses pas venir en toi, il n'y aura pas de joie dans ces moments là, seulement de la tristesse. Mon pauvre petit, c'est en faisant tout avec moi que tu déborderas de joie. Merci d'être venu !

« J'ai tellement à te donner. »

15 mai – Bonjour mon tendre enfant, **j'ai tellement à te donner** que d'abord j'ai besoin que tu demandes. Si tu ne m'ouvres pas ta petite âme, je ne peux que conserver les dons qui te sont destinés, mais ils ne peuvent être retenus très longtemps, c'est pourquoi, s'il te plait, demande mon aide. C'est aussi la raison pour laquelle, parfois, tu n'es plus conscient de ma proximité et tu penses que tu t'es trompé en croyant à ma venue. Mon enfant, sois totalement abandonné à moi, malgré le peu que tu connaisses de moi. Aie confiance en moi ! prépare-toi à m'aimer jusqu'à la fin et maintiens -toi près de la petite voix. Je connais la laideur

« Mais je t'aime toujours »

ton âme **mais je t'aime toujours** parce que tu es si petit. Tu penses que tu ne vaux rien. Tu te juge indigne, c'est vrai, mais mon amour est tellement grand, tellement plus grand que ta laideur. Merci d'être venu !

16 mai – Bonjour mon enfant ! Viens plus souvent au reposoir de ton cœur et présente les fleurs fraîches de ton amour à mon Fils Jésus. Mon tendre enfant, pour accomplir ton abandon total, tu dois commencer

« Désire-moi tout le temps. »

par **me désirer tout le temps**, me solliciter à chaque instant, et me parler. Merci d'être venu!

17 mai – Bonjour mon tendre enfant ! Tu ne te trompes pas lorsque tu me réponds avec ton cœur à tous les petits tournants que je te demande de prendre dans ta vie. Ils vont te conduire à ta maison avec moi. C'est seulement ici, mon enfant, en étant ici avec moi, que tu trouveras la force. Merci d'être venu !

18 mai – Bonjour mon enfant. Soupèse bien mes soins maternels et tes petits soucis, et tu n'auras aucun doute sur celui qui a le plus de poids. Mon enfant, je suis en train de restaurer ta vie intérieure pour que tout soit prêt. Mon toucher sensible, ne le sens tu pas ? N'est-il pas permanent ? Mon pauvre petit, aujourd'hui tu n'as pas pu te déplacer à cause de la pluie.

« Déplace-toi dans ton cœur. »

Ne t'inquiète pas, **<u>déplace-toi dans ton cœur</u>** et tu resteras près de moi . N'est-ce pas réconfortant ? Merci de ta fidélité.

19 mai – Bonjour mon enfant. Désire toujours grimper plus haut, mais lentement en recherchant mon aide, pour que tu puisses comprendre le don que Dieu te donne. Pour cultiver mon amour, il te faut offrir ton cœur. Je t'engage vivement à me donner le cœur de ton cœur, jusqu'au cœur même de ton âme. Mon enfant prie et je te répondrai avec joie, mais seulement si cela correspond bien à mon plan pour ta vie. Quelquefois

« Tu ne demandes qu'à te laisser tromper »

tu ne demandes qu'à te laisser tromper
par Satan. Prie ! Tiens-moi bien. Ferme-lui ta porte. Merci de ta venue.

20 mai – Bonjour mon petit, n'ai pas peur de la tentation, ma grâce t'aidera. Mon enfant, tu as en moi une Mère qui te réconforte à chaque instant de la journée passée avec moi. Nous sommes ensemble, t'en es-tu rendu compte ? Continue à prier ! Je t'ai fait comprendre une chose à savoir laisser ton cœur vagabonder et comment en prière le ramener gentiment à moi. Mon enfant, je suis toujours là, n'en doute jamais. Merci de ta venue !

21 mai – Bonjour pauvre petit, tu as tellement de problèmes. Je sais à peine où commencer, mais moi ta Mère, tu peux le croire,

« Tu n'es en sécurité que dans mon cœur »

je contrôle tout. Regarde comment je t'ai fait prendre conscience de mon cadeau ! Mon petit, même les anges s'étonnent de ce que je fais pour toi. Tu dois rester prêt à ouvrir ton cœur à mon moindre appel. Comme une tortue n'est en sécurité que dans les vagues, mon petit, **tu n'es en sécurité que dans mon cœur.**

21 mai – Je suis ici, même si tu ne me vois pas, mon petit, je te vois ! N'est-ce pas assez, et est-ce que je ne prouve pas ma présence par tous ces petits messages célestes que je t'adresse. Ma voix n'est-elle pas aussi douce qu'un chœur et ne remarques-tu pas que j'attends ton invitation ? Mon petit demeure toujours sur la crête de mes inspirations célestes, recherche-moi toujours vers le Ciel, car c'est dans une tendre impatience que j'attends tes coups d'œil. Mon enfant, si tu veux être près de moi comme je le suis de toi,

« Je t'ai toujours devant mon visage souriant »

comme je le suis de toi, comme je le suis de toi, prie, mon Cœur cherche à t'envelopper sous mon Manteau, et pense comme souvent je te conduis. Merci de venir !

22 mai – Bonjour mon enfant. Merci de venir ! **Je t'ai toujours devant mon visage souriant.** C'est pour cela que, de temps à autre, ton âme est inondée de paix sans raison. Tu vois c'est ainsi que je répands mon sourire sur toi. Aujourd'hui, je t'ai donné une grâce spéciale, la grâce de savoir comment je t'apprends à désirer le Ciel. C'est seulement lorsque tu désires le Ciel que tu fais bondir de joie mon cœur et celui de mon Fils. Ainsi je te permets d'approcher tout près, tellement près que tu m'as presque touchée ! Prie ! On a un tel besoin de tes prières !

23 mai – Merci d'être venu ! Mon petit, essayer d'être bon,

"Vous pouvez être saint"

c'est être tendu vers le Ciel et vers moi.
C'est la grâce en action dans ton âme.
Ma simplicité est telle que c'est facile
d'écouter mon amour. Prie ! Crois !
Sache que tu ne peux être saint que dans
mes bras. Repose-toi sur moi pour te
conduire. Si tu négliges de prendre cela
en compte, tu te fais voler la beauté que
je t'offre.

24 mai – Bonjour mon enfant ! M'as-tu
entendue t'appeler aujourd'hui ? Mon
petit, écoute mes appels tous les jours,
l'appel à la sainteté, mon appel à te
reposer sur moi à chaque minute, dans
chaque petit recoin de ta journée. Ceci
est mon cadeau ! Mon enfant, tu es
tellement près de moi,

« Tu devrais chérir le temps que je te donne »

ne perds pas ton temps avec le monde. **<u>Tu devrais chérir le temps que je te donne</u>** lorsque je viens. Abandonne toute attache avec les créatures, mon petit. C'est seulement en me faisant confiance que tu connaîtra le chemin. Mon enfant, réfléchis-moi dans ton travail quotidien en étant docile à chaque seconde que tu passes avec moi. Immerge-toi totalement, perds-toi complètement en moi jusqu'à me donner tous tes souhaits et désirs. Lorsque tu as bien conscience de moi,

« Adresse une supplication à mon cœur »

adresse une supplication à mon cœur
« J'ai besoin de toi, amen ! »
Prie ainsi et beaucoup de tes petites
peurs disparaîtront. Merci d'être venu !

25 mai – Bonjour mon petit. Mon
pauvre petit, tu comprends si peu; mais à
cause de cela ton charme est plus
attachant pour mon Fils qui se maintient
tout proche à cause de cette petitesse.
Mon petit, la joie que tu me donneras te
sera rendue cent fois au Ciel et il en sera
de même pour ceux qui gardent mes
messages dans leur cœur. Es-tu mon
petit, toujours petit ? Si tu veux rester
petit, donne-moi toutes ces
imperfections qui freinent le
rapprochement de mon cœur. Tellement
de choses que tu dois commencer à
comprendre mais tu dois prier et cela
deviendra petit à petit plus clair,

« As-tu perçu la paix ? »

là où se dirige ton cœur, il y a la joie. C'est pourquoi assure toi qu'il vient vers moi et non pas vers l'obscurité. Je suis dans la lumière. Bouge pour rester dans ma lumière parce que maintenant Satan peut aussi voir cette lumière, moi avec toi ! **As-tu perçu la paix** lorsque tu lis mes messages ? C'est le cadeau que je fais à tous ceux qui lisent mes messages avec amour. Merci de ta fidélité !

26 mai – Bonjour mon enfant, Je suis triste aujourd'hui. Mon cœur est transpercé par la froideur des hommes. Prie en nos cœurs pour soulager ma peine. Mon enfant, je t'avertis que Satan essayera de détruire mon œuvre et tout ce que je fais pour toi. Il ne reposera plus avant d'avoir rendu mon projet inutile. Prie ! Cache mes messages soigneusement, il en a maintenant perçu la merveille ! Mon enfant, je ne vais pas revenir les trois prochains jours,

« Pour demander comme quelqu'un en manque d'aumônes »

s'il te plait n'abandonne pas tes visites pour autant et continue à prier. Merci d'être venu !

30 mai – Merci, mon enfant, de venir. Tu réchauffes mon cœur lorsque tu réponds à mon appel. Ceci est ma demande, que tu m'aimes ainsi que mon Fils de tout ton cœur pour la conversion du monde. C'est pour cela que je viens, mon enfant, **pour demander comme quelqu'un en manque d'aumônes.** Pour mes pauvres enfants ! Mon petit, vois mon Cœur déversant des grâces spéciales pour toi. Laisse ce Cœur devenir ton seul refuge. Mon petit, je suis heureuse que tu ne te sois pas découragé pendant cette période où je ne suis pas venue, mais tu as remis ton cœur dans l'espérance, c'est ceci qui t'aide à grandir de plus en plus et t'apporte plus de lumière pour t'apprendre à me faire confiance.

« N'abandonne pas le Rosaire. »

Prie, **n'abandonne pas le Rosaire**, c'est le plus sacré de mes trésors. Laisse-le pénétrer ton âme.

31 mai – Bonjour mon enfant, pense souvent combien mon attention maternelle te fait désirer le Ciel avec moi. Laisse-le soleil de l'amour de Dieu briller dans ton cœur. Permets-Lui de t'ouvrir les chemins de la sainteté infinie. Tu ne peux chercher rien de mieux que le Ciel ! Qu'y a-t-il de plus grand dans le monde ! Laisse ton âme régner sur ce qui est vrai et éternel, c'est seulement alors que tu connaîtras ma présence et que tu seras conscient de ce que j'accomplis. Mon cher petit, ne laisse pas tes désirs entraver ta joie durable. Abandonne tout ce dont tu n'as pas le contrôle et décharge t'en sur moi .

"Confie-moi tout."

Ces lumières brillantes et magnifiques ne sont rien comparées à la lumière du Ciel. Mon enfant prie pour être libéré de l'étreinte de la Terre et recherche tout ce qui te libère pour pouvoir ainsi t'ouvrir à moi. Prie !

2 juin – Mon cher petit, apporte moi chacune des petites mouches qui t'agacent, et je te libérerai de ces agacements. Aujourd'hui, mon Fils a beaucoup de grâces pour toi et beaucoup de petites lumières qui vont te réjouir.

« Ne sois pas offensé si Dieu t'envoie des épreuves »

Ne sois pas offensé si Dieu t'envoie des épreuves pour l'intérieur de ton cœur, elles aident ! Accepte-les comme tu le ferais d'un ami qui essaye de te guérir. Petit à petit, c'est ainsi que je t'écarte des choses qui attirent ton regard. Ne pense pas que je te laisse errer dans ce monde sans te demander tous les coups d'œil de ton âme. N'aie pas peur, laisse moi la saisir pour toi. Je peux en faire une grande joie pour toi ! Prie !

4 juin – Mon enfant, ceci est l'une de mes petites fleurs, prends-la et reçois-la avec joie. En acceptant de la recevoir de ma main tu apporte la gloire à mon fils et tu apportes le bonheur à mon cœur parfois si lourd. Mon petit y a-t-il quelqu'un dont tu as plus besoin que de moi ! Est-ce que je ne prends pas soin de toi ? Vois comme je te couve ! Ma petite colombe prie pour que seul mon cœur se réjouisse de tes petites épreuves.

« Toi mon enfant, tu me consoles. »

Écoute, elles te rappellent que l'éternité attend. **Toi, mon enfant, tu me consoles** alors que tant d'autres veulent voleter et jouir des plaisirs de ce monde, sans penser au suivant. Mon cher enfant, n'aie pas peur, je te tiens et te caresse tout près de mon cœur. C'est une grâce toute spéciale. Demeure en mon cœur aujourd'hui !

5 juin – Mon enfant prie beaucoup de rosaires ! De nos jours il y a trop peu de gens qui prient le rosaire et l'Église chute à cause de cela ! Mon petit aime-moi de tout ton cœur. Offre-moi beaucoup de petits sacrifices, même les plus petits comptent. Merci pour la patience dont tu as fait preuve avec la croix que je t'ai envoyée. Donne-moi tous tes sourires pendant ces temps tristes. Mon cœur est lourd ! Prie !

6 juin – Mon enfant écris avec un cœur lourd ces mots que je vais te donner

« Mon Cœur Immaculé est très triste. »

aujourd'hui **Mon Cœur Immaculé est très triste.** Prie ! Prie ! Mon petit, sais-tu que c'est mon amour qui te soutient et ma force qui t'a tenu pendant ta croix. Aie davantage confiance en moi !

7 juin – Mon enfant, s'il te plait, prie lorsque tu en sens la besoin. Ces petits moments de frustration te sont envoyés pour t'aider à surmonter tes petites imperfections ; Je t'ai fait me faire offrande de tes petits soucis aujourd'hui. Très souvent, tu ne penses pas que je puisse le faire.

« Je fais tout. »

Je fais tout. Chaque tache que tu fais , je la nettoie et je la rends à Dieu. Magnifique ! Je t'invite à suspendre toute décision de tout que tu pourrais projeter. Je vais réorganiser tes projets et changer de direction. Ne sois pas inquiet, ce sera seulement de la chirurgie mineure. S'il te plait prie pour le monde pour qu'une autre guerre puisse être évitée. Merci de venir !

8 juin – Bonjour mon petit, Qu'à chaque battement de ton cœur tu te souviennes de mon attention constante pour toi. Mon pauvre enfant tellement changeant comme le girouette. Quand resteras-tu assez longtemps pour peser dans ton cœur tout ce que je fais là. Que dois je faire pour te faire comprendre que les distractions sont ton lot dans cette vallée de larmes et que même

« Brillante et pure, voilà comme je voudrais rendre ton âme »

être répugnant avec toi-même est l'assiette à ta porte. N'aie pas peur de dire que c'est bien lourd à porter ; c'est bien vrai que ça l'est, mais, avec mon aide, tu y arriveras. C'est tout ce dont tu as besoin. Je te bénis pauvre enfant !

9 juin – Bonjour mon enfant ! **<u>Brillante et pure voilà comment je voudrais ton âme.</u>** C'est ainsi que tu devrais être devant mon Fils, mais il y a encore tellement de recoins dans lesquels tu ne me laisses pas entrer ! Je te demande de me donner chaque petit morceau de ton âme. Je désire la cultiver et la rendre belle pour Dieu, caché

« Sois vigilant à ne pas faire étalage de ton éclat »

du monde. **<u>Sois vigilant à ne pas faire étalage de ton éclat</u>** devant les hommes, de peur de devenir trop confiant et suffisant et de rester ainsi dans un état d'illusion ! Je suis très heureuse lorsque tu recherches mon aide et que tu ne comptes plus sur tes propres mérites mais sur les miens pour donner à ton âme un lustre qui te rend beau aux yeux de Dieu. Mon enfant, il y a encore tellement de fleurs à planter. Prépare le sol par ta prière et ta fidélité à moi. Je te bénis !

10 juin – Mon petit je te donne tout ce dont tu as besoin. Je te nourris du sang et du corps de mon Fils. Avec l'aide de ma grâce, le pêché est effacé en confession. Je t'invite à prier et à assister à la Messe aussi souvent que tu peux. Je te maintiens lorsque tu es faible. Y a-t-il quelque chose de plus que je puisse faire pour toi que je n'ai déjà fait ?!

« Prie pour mes intentions »

Tu as juste à chercher à me faire plaisir et tu trouveras le Ciel.

11 juin – Mon enfant. Mon Cœur Immaculé saigne pour les hommes. Il voudrait envelopper tous mes pauvres dans sa feu ! **<u>Prie pour mes intentions!</u>** Mon petit, il t'a été confié cette mission spéciale de porter à chacun mon message de miséricorde. Aux prêtres, aux malades, aux pécheurs, aux savants de l'erreur, pour les ramener à moi. Mais plus tard. Ce dont j'ai besoin maintenant ce sont tes prières et ta fidélité ! Tiens mes belles perles. Prie-les avec amour et laisse les grâces de chaque mystère pénétrer ton cœur. Je ne peux ouvrir mon cœur que si tu m'y demandes une place. S'il te plait, je t'invite tendrement à y venir, tu y seras en sécurité ! Prie ! Paix !

11 juin – Bonjour mon petit, reste

"Reste plaisant et beau."

en mon cœur. Cramponne-toi à chaque battement de son amour. Remarque chaque rayon de lumière que je te donne pour surmonter toutes les tentations. Mon chéri, c'est ainsi que tu demeure tendre et beau, par ta proximité à moi, en me laissant conduire ton cœur dans chacune de ses pensées. Mon enfant, je dirige ton âme pour qu'elle y voit clair et qu'elle soit propre et étincelante !

13 juin – Mon enfant, je t'annonce que mon Cœur Immaculé est trop offensé et je t'invite à prier pour que la grâce surmonte toutes tes tentations. Mon enfant, je t'ai conduit à mon Cœur Immaculé, là où tu peux trouver le repos. Tu ne peux pas être blessé lorsque tu reposes en mon cœur. Je te protégerai de toutes les sortes d'attaque. Tu devrais savoir quel est mon secret : mon Cœur Immaculé te conduira au Ciel.

« Prie pour les pauvres pêcheurs »

6 juin – Mon enfant, je te considère comme l'un des proches de mon cœur. A toi je donne tant ! N'est-ce pas la tendresse d'une Mère douce ? Mon enfant **prie pour les pauvres pécheurs** qui ont tant besoin de connaître la miséricorde de Dieu envers eux. Aide-moi à réaliser tout ce que je dois accomplir. C'est par la prière et grâce à ton amour pour moi que tant de choses sont restaurées ! C'est à ce sujet que tu dois prier car Dieu te donne Sa bénédiction ces jours-ci ; tires-en parti par ta disponibilité envers moi, et je pourrai te donner encore plus.

17 juin - Mon petit, merci d'être venu. Ton cœur devrait être toujours à me regarder pour que je puisse te combler de fleurs spéciales. Mon enfant, soit comme la cire de la chandelle,

« Fonds sous mon toucher. »

brûlant pour mon Fils. **<u>Fonds sous mon toucher</u>** pour que je puisse te modeler facilement. Jette les pensées de toute sorte qui te retiennent à la terre. Élève-toi au-dessus d'elles et désire me garder auprès de toi. J'y suis ! Tu le vois je te laisse venir très près.

18 juin - « O Marie, aide moi ! » Mon enfant, je t'aide en vérité ! Je t'aide encore bien plus souvent que tu ne tournes ton cœur vers moi. Je dois t'inviter souvent à venir et je te regarde avec amour t'attirant ainsi plus près de moi. Bien sûr, je vais te donner la lumière, mais tu dois m'invoquer plus souvent. Tu le fais tellement rarement ! Tu devrais remercier Dieu pour sa Providence. Laisse Le t'envoyer ce qu'Il veut.

« Prie à tous propos. »

Accepte dans la foi et **prie à tous propos !**

20 juin - Bonjour mon Enfant !
Aujourd'hui, je te regarde et te souris. Je réfléchis à la façon de t'aider à fleurir par mon attention constante. Avec autant de grâces, je te maintiens et te donne l'espérance pour que tu ne te laisse pas aller au découragement. Mon

« Je promets de donner des grâces spéciales. »

enfant, **je promets de donner des grâces spéciales** à tous ceux qui me contemplent et lisent mes messages de miséricorde avec espoir. Merci pour ta fidélité !

21 juin – Mon enfant, ne me fais pas de reproche. Je t'embrasse lorsque tu penses ne pas être si pur. Je m'approche et je te couvre de mon manteau. Mon enfant, tu ne perçois pas encore ce que je te donne . Prie d'avantage avec le cœur et tu deviendras alors beau et frais. Je te donne ma paix toute spéciale. Prie avec foi ! Viens avec beaucoup d'amour dans ton cœur. Ne laisse pas les moucherons te détourner de ta route, cette route que j'ai tracée pour toi. Je te donne ma bénédiction !

« J'ai pris ton passé dans mon cœur. »

22 juin - Mon petit, ne traîne plus ton passé avec toi. **Je l'ai pris dans mon cœur,** et là, comme tout le reste, il est enveloppé en moi et ainsi rendu beau pour qu'ainsi tu ne t'en soucies plus. Si, par quelque malédiction satanique tu t'en soucie encore, ferme la porte doucement et demande moi de te secourir. Mon enfant, même si tu étais aussi faible que tu l'es, je peux, de mon touché et sans difficulté, te conduire à la sainteté, mais la Divine Providence a souhaité que tu reste comme un coq sur le sol. Viens mon petit, même lentement, je vais t'aider à progresser.

25 juin - Bonjour mon enfant. Je te demande de me donner quelques petites marques de ton affection et de me demander de te rappeler de me les présenter dans ton cœur.

« Garde avec toi l'une ou l'autre de mes pensées. »

De plus, je te demande de **garder avec toi et chaque jour, l'une ou l'autre de mes pensées.** De la sorte, je serai toujours proche et tu n'oublieras pas de me garder dans ton cœur. C'est ainsi ! Cela peut paraître étrange, mais si tu persévères, de grandes grâces te seront attribuées. Mes mains ont été tellement généreuses de dons pour toi. Demande et cherche et elles seront multipliées !

26 juin - Des faveurs spéciales seront dispensées, mon enfant, si tu chantes dans ton cœur, avec amour cet hymne : « O sainte Vierge, garde-moi pur et doux ! »

26 juin - Bonjour mon petit. Bénis ceux qui te blessent et provoquent tes épreuves intérieures. J'ai beaucoup de choses que tu dois désirer. Ne perds pas ton temps en spéculations concernant le futur et comment les choses vont se dérouler. Tout ce que tu as

*« Dans toutes les difficultés,
prie, prie, prie ! »*

besoin de savoir est que **dans toutes les difficultés, prie, prie, prie!**

1 juillet - Bonjour mon enfant. Des moments dangereux attendent l'Église et notamment les Pauvres et les Consacrés ! Mon enfant tiens-toi tout proche de moi, même si la persécution est de tous côtés ! Tiens mon Rosaire Sacré et demeure sous mon manteau qui est proche de tout ce que je te donne. Mon enfant, tu vas expérimenter les changements de ton âme à cause de mes messages. Ils en sont les fruits. Ne t'en inquiète pas car ils t'apportent la Paix et te réconforteront dans la tristesse.

2 juillet - Bonjour mon enfant. Je te guide à travers les ténèbres de ce monde vers la lumière du Ciel. Mon enfant, ne te soucie pas de savoir si cela est vrai ou non. Je te le dis ! C'est moi ! Ne puis-je pas rejoindre tout simple mortel de la façon que je veux. Mon petit,

« Laisse mes messages s'imprimer en toi. »

regarde avec un œil neuf ce que je fais pour toi. **Laisse mes messages s'imprimer en toi.** Ils illumineront ton âme. Raconte à ton directeur spirituel tout ce que j'accomplis, simplement et avec confiance. Mon enfant, prie et demande à Dieu de t'aider car tout cela c'est pour Lui ! Ceci devrait t'aider à tout supporter !

3 juillet - Bonjour mon enfant. Je te souris souvent. Mes regards sont pleins de tendresse. Mon enfant, je suis avec toi depuis longtemps. Tu as accueilli mes conseils avec amour et je t'en remercie. Maintenant, je t'invite à

« Prie pour tout ce que je t'ai donné. »

prier pour tout ce que je t'ai donné et à demeurer obéissant à mon amour, alors, tu ne seras plus blessé par Satan.

4 juillet – Bonjour mon enfant. Je t'attends toujours. Je suis celle qui t'appelle et t'aide à prier, sinon tu aurais abandonné depuis longtemps. Mon enfant, je vois ton âme et tu peux comprendre pourquoi je ne travaille pas avec toi. C'est simplement parce que tu penses en termes humains comme le fait le monde. Place ton cœur sur le mien et tu ne manqueras jamais de rien. Beaucoup trop de mes enfants sont accablés par toutes sortes d'oppressions. Je veux tellement les soutenir et ainsi alléger leur fardeau. Mon enfant, tu es inconsolable parce que tu ne tournes pas assez ta petite personne vers moi à chacune de tes épreuves, et c'est pourquoi tu es plus fatigué et qu'elles te laissent épuisé. Mon enfant

« Laisse-moi calmer chacune de tes tempêtes. »

laisse-moi calmer chacune de tes tempêtes et ainsi tu demeureras petit. Je connais les solutions à tous les problèmes de ce monde. Tu me comprends ? Prie !

6 juillet – Bonjour mon petit. Prie dans ton âme et tu trouveras que les épreuves de cette vie ne sont pas aussi lourdes. Je sais comment tu es et comment tu ressens tout cela ! Recommence encore ! Chaque fois que tu me regarderas, je t'aiderai. Mon enfant, si petit ! Je suis tellement contente de toi ! C'est ma joie profonde de te voir totalement abandonné à moi ; Alors tu te sens complètement sans ressources et je suis celle qui te console. Prie !

7 juillet - Bonjour mon pauvre petit. Tu as peur de tout, et même d'oublier de m'inviter alors que tu sais combien j'aime que l'on me demande. Mon petit,

« Ne t'inquiète pas ! prie. »

ne soit pas comme la sauterelle qui est pressée d'explorer la feuille suivante. Aie confiance en moi. Je sais ce que je vais te donner, mais il ne tient qu'à toi d'écrire. Tu vois, je t'aide même en cela ! Mon enfant, le monde se referme sur mon petit instrument mais mon cœur immaculé le protégera et fera en sorte que tout soit comme ce devrait être. **Ne t'inquiète pas et prie** le Rosaire avec l'amour dans ton cœur.

8 juillet - Bonjour mon enfant. N'hésite pas à me lancer des coups d'œil d'amour chaque fois que tu le peux pour que je puisse les utiliser pour ce

« N'aie pas peur d'être petit. »

que je peux faire. Mon enfant, **n'aie pas peur d'être petit**. Je t'en soutiendrai d'autant plus et Dieu te bénit. Mon petit, tu es tellement préoccupé de telle ou telle tâche que tu m'abandonnes beaucoup ces temps-ci. Rappelle-toi que je te regarde et que j'espère un retournement de ton cœur pour transformer ton présent. Prie !

DANS MA CHAMBRE, A MEDUGORJE

11 juillet - Bonjour mon enfant. Avec moi dans ton cœur, viens rencontrer mon fils et donne lui toutes tes apprehensions. Il te donnera Sa grâce et ton cœur bondira de joie. Mon petit, ne prie pas avec tristesse en ton âme. En faisant cela, tu rends Dieu triste. Adresse-moi tes plus petits regards, ceux que tu portes autour de toi lorsque tu assistes à

« Écoute-moi toujours et tu trouveras le chemin qui conduit à la paix. »

la Messe, et ainsi Dieu pourra illuminer ton cœur. Prie ! Prie ! Prie !

14 juillet - Bonjour mon pauvre petit. Ce monde ne t'apportera rien de bon. Il ne renferme que des choses qui tirent ton âme vers le bas. Moi, ta Mère Bénie, je te protège des compromissions avec les choses que le monde t'offre, alors s'il te plait **écoute-moi toujours et tu trouveras le chemin qui conduit à la paix.** Prie ! Prie ! Prie !

14 juillet -   Mon Ange Gardien.
« La Mère de Dieu sait mieux ! »
Cette prière t'aidera à faire la volonté de Dieu.

14 juillet – Bonjour mon petit. Dis à (...) que mon Cœur Immaculé sera son refuge.

« Je connais tout de tes fautes ! »

15 juillet – Bonjour mon enfant. Patience ! Mon amour te guidera.

17 juillet - Bonjour mon petit. Ne sais-tu pas encore que je me charge de tout et que je t'aide à passer chaque moment en ma compagnie. Mon enfant, ne te semble-t-il pas que mon amour devrait imprégner chaque moment de ta journée ? Même ces journées dont tu penses ne pas disposer parce que tu m'oublies. Mon enfant, ne pense pas que je ne suis pas toute proche, même si en regardant à l'intérieur de toi-même tu ne découvres que tes fautes. **Je connais tout de tes fautes!** Jette-les au moment même où tu y penses ; regarde-moi et tout ira bien. Tout ira bien !

19 juillet – Mon cher petit, je suis contente de toi, bien que ton cœur puisse être en désarroi parfois. Ne t'inquiète

« Je suis celle qui te conduis »

pas de cela ! **Je suis celle qui te conduit.** Mon cher enfant, lorsque je viens je te donne mon amour ; demande à Dieu de t'aider de façon toute spéciale. Paix !

19 juillet – Je te tiens en sécurité beaucoup plus que tu ne le penses. Moi, ta Mère, je repousse tout ce qui t'entraînerait loin de moi. Je sais comment te reconduire à Dieu. Mon enfant, même si cela semble obscur et si tu ne sais pas encore sur quel chemin je te conduis, ma main te guide en toute sécurité. C'est tout ce que tu as besoin de savoir !

20 juillet – Bonjour mon cher petit ! Aujourd'hui tant de grâce sont accordées en abondance aux gens et pourtant elles sont tellement gaspillées que Dieu est triste qu'aussi peu de personnes y répondent. Épanouis-toi comme l'humble fleur que tu es,

« S'il te plait tiens-toi à mon Rosaire »

sous la bonté de Dieu ; je peux alors t'amener sur le chemin que j'ai organisé pour toi, avec une plus grande sûreté. **S'il te plait, continue de prier mon Rosaire,** pour que tout ce que j'entreprends porte du fruit. Paix ! Paix ! Je te demande de venir chaque jour pour pouvoir te fortifier et ainsi mes objectifs seront atteints.

21 juillet - Bonjour mon enfant. Sois vigilant, ne t'y trompe pas, mes rendez-vous avec toi, tout normaux qu'ils soient, n'ont rien de banal. Ne prends pas mon silence comme un reproche. Je ne veux pas rompre ce moment que je passe avec toi même si tout cela peut paraître ordinaire. Il en est ainsi pour que tu puisses écrire simplement mes messages, sans interférences extérieures. Satan essaye de décourager ces rencontres par des méthodes qui n'auront aucun effet si tu restes ici et si tu demeures fidèle. Ainsi je rendrai inutiles ses manœuvres diaboliques. Mon enfant,

« Mon plan est dans sa phase finale. »

nous sommes près de la fin. **Mon plan est dans sa phase finale**, mais pour toi ce n'est qu'un commencement alors ne pense pas que je te quitterai. Oh non ! Je suis ta Mère et je continuerai à parler avec toi chaque jour. Prie

22 juillet – Ces messages que je te donne ne sont pas seulement pour toi, mais pour tous ceux qui viendront ; ainsi eux aussi verront la lumière, même s'ils sont dans un endroit sombre. Mon enfant, je n'annonce pas aux hommes un nouveau message mais un message qui rendra les hommes nouveaux.

Prie ! Prie ! Prie !

24 juillet – Mon enfant, je sais combien tout doit te paraître lent, mais Dieu ne saurait être bousculé et c'est à toi d'attendre et de prier pour que ce qu'il permet, à savoir que je reste avec toi. Continue, Même si quelquefois tu es très mal à l'aise en tout

« je ne veux pas que tu t'inquiètes »

ceci ! Si je ne viens pas, comment vais-je pouvoir te faire connaître mon message de miséricorde ? Ne t'ai-je pas dit de tenir mon manteau ? Parce que Satan essaye de t'éloigner. Mon enfant, si tu demandes à Dieu d'être proche, Il te donnera Sa profonde présence et ainsi tu demeureras plus patient dans mes bras et chacun verra Dieu en toi !

26 juillet – Mon enfant, **je ne veux pas que tu t'inquiètes** de tes petites faiblesses. Dépose-les dans mon cœur et fais-moi confiance pour prendre tout en charge. Le chemin que je voudrais que tu suives, est celui de l'abandon sans essayer de faire ce que tu ne connais pas, à savoir le Ciel ! C'est seulement avec moi et dans la prière que tu parviendras à ta maison, alors n'entraves pas ce cheminement par des efforts répétés vers la perfection. Laisse-moi m'occuper de cela.

« N'es-tu pas sous mon Manteau ? »

N'es-tu pas sous mon Manteau? Tu le sais, je veille à ce que ton âme si faible ne soit jamais abandonnée au désespoir. Mon enfant, c'est pourquoi tu ne devrais pas avoir peur. Simplement fais comme je te dis. Garde ta volonté toute humble devant moi. Ce n'est pas pour te freiner que je te demande de rester humble devant moi. Je te demande ceci pour que mon Fils puisse être glorifié. Prie ! Prie ! Prie !

28 juillet – Bonjour mon petit. Je t'invite à regarder mon cœur. Vas-y ! Je t'indique mon très Saint Rosaire . Mon enfant, lorsque tu es fatigué, sois prêt aussitôt à prier dans mon cœur ; alors tu ne seras plus aussi fatigué. J'ai encore beaucoup de choses en plus de ce que je t'ai déjà donné; alors demeure sous mon regard aimant. Tu fais cela en allant prier mon Rosaire. Là est la fontaine où boire et te rafraîchir. Par ce Saint Rosaire, je te conduirai au Ciel.

"Fais attention à mes messages!"

30 juillet – Mon enfant, tu dois t'accrocher à moi pour que Dieu puisse te donner sa benediction.
Je t'invite à plus en te mettant dans mon Coeur et en me laissant te guider.
Je ne veux pas que tu fasses tout dans un inconscient abandon. **Fais attention à mes messages.** Je t'invite! Laisse-toi guider sur le chemin de la gentilesse, de la douceur et à aider tout le monde quand je suis en toi.

31 juillet – Mon cher petit. Regarde bien ce pauvre sanctuaire où je t'ai conduit. Il ressemble au cœur des hommes. Regarde ! Contemple la croix ! Elle est là, toute seule, au milieu d'une telle indifférence ! Dieu ne peut retenir plus longtemps Sa Main contre un tel sommeil devant mon Fils crucifié, qui saigne pour des gens qui, dans leur grande majorité, ne lui portent que de l'indifférence ! Mon enfant, regarde-moi ! J'offre mon Fils, sa paix pour les hommes. Dépose ta petitesse au pied de la croix pour que je

*« Ce sont bien les petits et les humbles
que mon Fils invite à venir
à mes pieds »*

puisse être capable d'obtenir pour toi ce qui va faire revenir vers Dieu les pauvres hommes ignorants. Prie ! Je t'appelle à l'aide ! C'est là que je t'invite à venir à partir de maintenant.

3 août – Bonjour mon petit, Vois comment je t'amène à mes pieds alors que tu crois ne pas en être digne. Les orgueilleux et les puissants de ce monde pensent ainsi. Ils ne permettent qu'à ceux qu'ils estiment valables d'approcher mon Fils, alors que **ce sont bien les petits et les humbles que mon Fils invite à venir à mes pieds.** Voilà pourquoi tu n'as plus peur : c'est une grâce toute spéciale que je t'ai donnée ; je t'ai laissé ressentir mon cœur. Te sens-tu tout réchauffé et comblé bien au-delà de ce que tu aurais pu imaginer ? Si tu savais comme je remercie Dieu car il me laisse venir et

« Je te souris avec miséricorde »

te combler de ma présence ! Je suis là, Me vois-tu bien ? Tu es maintenant comme je le souhaite, tout petit, et tu es dans mes bras. Je t'aime et **je te souris avec miséricorde!**

3 août – Mon enfant, maintenant tu ne doutes presque plus. C'est moi qui t'aide à venir. Viens à moi en toute confiance

4 août – Mon enfant, As-tu remarqué aujourd'hui comme tu as reçu ma paix quand j'étais avec toi ? Tant que tu continues à venir, je te donne mon cœur. Dieu bénira ceux qui me font confiance. Mon enfant, mon tout-petit, mon amour t'enveloppe si bien que tu pries facilement. N'aie pas peur de la croix que tu portes, je t'aide à la supporter avec amour. Maintenant je t'invite à venir avec moi en oubliant ce cœur

« N'aie pas peur d'aimer ceux que tu côtoies chaque jour. »

lourd qui te fatigue et que tu trouves si difficile à supporter. Je te donne Jésus ; Il sait ce que tu éprouves. N'aie pas peur de tes fautes, offre-les moi, tout simplement, et tu aideras les pécheurs à se repentir. Prie. Prie. Je te bénis.

8 août – Mon cher petit. Tous sont invités par moi à venir à mon Fils dans le tabernacle. Aime-le à cette place où il est laissé à l'abandon, où il est si souvent insulté. Toi, je te rapproche du Ciel quand tu viens chaque jour recevoir mon message. Mon enfant, **n'aie pas peur d'aimer ceux que tu côtoies chaque jour.** Je t'aide, alors sois toujours prêt à ouvrir ton cœur à tous pour que je puisse les convertir. Je te remercie de ton amour et je te bénis. Va en paix !

« Laisse tout aux soins de ton confesseur, dans l'obéissance. »

10 août – Bonjour mon enfant. Je veux révéler certaines choses mais tu ne dois jamais les répéter sauf à ceux que je t'autorise à mettre dans le secret. Mon cher enfant, Dieu veut attirer des âmes en grand nombre par ce message de miséricorde pour que Sa miséricorde soit diffusée toujours davantage. D'abord, mon enfant, dis à ton directeur spirituel de faire connaître ce message à ceux qu'il juge dignes afin de mieux me seconder. Mon cher enfant, le temps est venu pour moi d'agir. toi tu dois seulement prier.

Laisse tout aux soins de ton confesseur, dans l'obéissance.

12 août – Mon cher enfant. Prie pour arriver à tout remettre entre mes mains et tu recevras la paix de Dieu car ma main te guide. Pour recevoir la paix, ne cherche rien d'autre, tu n'obtiendrais que tristesse. Ta force viendra de l'amour de Dieu. Mon cœur t'aide

« Apporte- moi tous les petits soucis quotidiens. »

à te rapprocher de mon Fils Jésus qui te prépare à recevoir de grandes grâces. Prie pour tous les religieux qui sont courbés.
Je te bénis. Prie !

13 août – Bonjour mon cher enfant. Te voilà surpris d'entendre ma voix si tard ! **Apporte- moi tous les petits soucis quotidiens.** Et avant de t'endormir, remercie mon Fils ; c'est parce qu'il s'occupe de toi très tendrement qu'Il m'envoie pour te réconforter. Prie, c'est toujours moi qui te le demande. C'est de moi que tu as le plus besoin, je te cache soigneusement sous mon manteau. N'est-il pas doux d'être tout près de moi ? Tu y es bien au chaud ; je te bénis. Paix à toi, paix, paix.

13 août – Mon cher enfant. De même que toi tu écoute mes messages et

« N'aie peur de rien. »

les reçois dans ton cœur – comprenant ainsi combien je suis proche -, de même nombreux sont mes petits enfants qui seront heureux de mes messages. Ils dirigent vers le cœur de votre Mère qui, les larmes aux yeux, regarde ses pauvres enfants avec tristesse car ils sont nombreux ceux qui ont laissé Jésus mourir seul. Mon enfant, écris, écris-leur, mon petit : ils brisent le cœur de ta Mère qui ne peut que pleurer sur leur sort. Pauvres enfants ! Mon enfant, si je t'invite à tout cela, c'est pour que tu ressentes la souffrance de mon Fils et mes larmes inutiles. Prie pour les pauvres pécheurs. Prie ! Je te bénis !

14 août – Mon cher enfant, je te bénis. **N'aie peur de rien,** car mon amour enveloppe tout, même tes tentations de désespérer. Le papillon est toujours attiré par la lampe ; même par une toute petite lampe.

« Il te suffit de prier. »

Ça ne retarde pas le mouvement car c'est l'obscurité qui accentue l'éclat de la lampe. Et toi tu n'est plus effrayé, tu es attiré par ma lumière dans ce monde obscur. Ne crains pas. Même si ma lumière paraît petite en comparaison de ta peur des choses, ne demande pas « comment vais-je survivre ? » Cher enfant, ma main est heureuse de te guider et capable de le faire même au milieu de la peur. Cher enfant, confie-toi à moi et prie. Je te bénis.

15 août – Mon cher enfant, prie pour arriver à me laisser faire ce que je souhaite pour toi et tu auras toute l'énergie pour agir. **Il te suffit de prier** et de me répondre. Mon enfant, tu es mon instrument qui transmettra à tous mon message de miséricorde pour que mon fils Jésus puisse vivre au milieu des hommes. Prie et n'aie pas peur de recevoir mon message.

« Je te réconforterai moi-même »

Il reste tant à accomplir. J'en vois tant qui essaieraient de voir détruit ce que je fais ici. Dieu protège mon message, ainsi il reste encore caché au monde. Mon petit, je t'en conjure, garde-moi ta confiance. Je te laisse en cadeau ma présence avec toi. Ne doute pas de ton cœur, c'est bien moi que tu entends, ce n'est pas une illusion. Je te bénis. Prie, prie, prie.

15 août – Mon cher enfant, je te tends mon Cœur Immaculé. Viens ! Ici est ton refuge, je t'y attends lorsque tu te sens seul, tout perdu. **Je te réconforterai moi-même**, je te le promets. Je te donnerai mon amour. Ne te laisse pas distraire par une chose ou une autre au point d'oublier ma présence au milieu de vous. Mon petit chéri, je t'aime tant ; ne crois pas que je pourrais t'abandonner. Sois plein de joie quand tu viens à moi ; mon amour

« Je prends soin de toi. »

veillera à ce que tu ne te décourages pas. Je te remercie, mon cher enfant, de ta fidélité. Va en paix.

16 août – Mon enfant. Je t'accueille avec mon plus beau sourire en ce jour pour que tu cesses de te faire du souci pour la croix que tu portes. Prends ma main. Laisse-moi te conduire. Vois ma présence partout. N'oublie pas que **je prends soin de toi.** Prie pour garder ton émerveillement de ce que je fais pour toi. N'aie pas peur, je veux que tu te rendes compte que mon amour va changer beaucoup de choses dans ta vie. Tu comprends, il faut que tu sois comme un bouchon qu'on enlève pour verser le contenu de la bouteille. Je reçois dans mon cœur tout tes regards car tu es mon enfant. Pour un jardinier toutes les fleurs sont précieuses, pour moi c'est pareil. Souviens-toi que tu es toujours dans mon cœur.

« C'est le travail de Dieu »

Je touche ta vie chaque jour même si tu ne t'en rends pas compte. Quand tu fais l'effort de prier, je réponds avec tant d'amour que je suis plus près de toi que jamais et pourtant tu ne t'en aperçois pas. Sache que je suis là. C'est une pensée touchante à avoir dans ton cœur lorsque tu pries chaque jour. Ta prière vient à moi et je la reçois avec tendresse. Ainsi je peux la rendre encore plus douce pour mon Fils. Prie ! Je te bénis.

20 août – Mon enfant ! Je t'ai donné l'image que Dieu veut diffuser dans toutes les maisons et ceux qui l'honoreront recevront de grandes grâces de Dieu car Il veut que chacun puisse découvrir l'amour de mon Cœur Immaculé. Montre cette image à ton confesseur en lui indiquant que **c'est le travail de Dieu.**

« La paix soit avec toi. »

et je le bénirai largement s'il accepte. Prie ! Merci de ta venue !

20 août – Elle révèle le titre : Porte cette légende sous mon image : Notre Dame, Reine du Foyer, priez pour nous !

21 août – Bonjour mon petit ! Que **la paix soit avec toi!** Merci d'être venu alors que tant d'autres ont délaissé mon Fils. Mon enfant ! Ton âme s'ouvre aux choses du Ciel. Elle n'aspirera plus au fracas discordant de la terre ou au son des honneurs, mais au son des ailes ! Mon enfant, laisse moi te conduire au-delà du dédain, sur les hauteurs où tout est beau ! là où même le son de chaque jour devient une symphonie! Mon enfant, tu es appelé à partager les joies de mon cœur,

« Dieu permet que mon cœur s'ouvre. »

là où il y a l'espoir et les prés verts, les maisons enchantées et confiantes et beaucoup plus encore !

Prie ! je te bénis !

22 août – Mon enfant. Aujourd'hui ! Aujourd'hui, Dieu veut proclamer une nouvelle fête dédiée à Notre Dame, Reine du Foyer. Mon enfant, l'image devra être également honorée ce jour-là ! **<u>Dieu permet que mon cœur s'ouvre</u>** pour tous ceux qui honorent mon image ce jour-là.
Prie ! Je te bénis !

23 août – Notre Dame m'a demandé d'expliquer la neuvaine avec mes propres mots. Elle m'a dit que la neuvaine commence la veille de l'Assomption et se termine à la fête de Marie Reine, qui est aussi celle de Notre Dame, Reine du Foyer.

« Ce sera comme un vent nouveau dans l'Église. »

Le chapelet se dit ainsi :
Credo, Notre Père, Je vous salue Marie, Gloire à Dieu
Sur les grains des dizaines:
O Vierge garde-moi tendre et pur
Et sur chaque grain :
Notre-Dame, Reine du Foyer priez pour nous.
A la fin, Je vous salue sainte Reine du Monde.
Elle demande de dire le chapelet une fois par jour pendant la neuvaine. Elle dit aussi que **ce sera comme un vent nouveau soufflant dans l'Église.**

23 août – Bonjour mon petit ! Ne t'inquiète de rien, ma grâce t'aidera. Si tu as besoin de quoi que ce soit, prie avec confiance ! Mon Fils accepte tes prières lorsque tu me les adresses à moi ! Prie ! Prie ! Prie !

« Ceci est une fleur précieuse. »

24 août – Bonjour mon petit ! Confie-moi tout ce qui trouble ton cœur et ne prête pas attention aux problèmes de peu d'importance ! Prie et réponds ! Je te bénis !

25 août – Mon pauvre petit, bonjour. Tu penses à tellement de choses que tu ne te prépares pas à ma venue. Ne laisse pas les distractions du monde s'installer en toi. Demeure plutôt à ce point d'équilibre où ton âme ne vagabondera pas, et prie. Je te souris.

A26 août – Bonjour mon petit, j'espère que tu n'es pas trop triste de voir les choses se passer ainsi. Dieu te bénit et te remercie de ton amour. Mon cœur te tient tout près et je m'occupe de toi de façon si discrète que c'est comme si je n'étais pas là. Ce grand vide, c'est comme une fleur que Jésus t'envoie car ainsi tu grandis loin des rayons du soleil.

*« L'amour compense pour les efforts
que tu n'as pas faits. »*

Ainsi tu deviens fort, même si tu ne te vois pas progresser. Si je te fais connaître cette obscurité, c'est pour te préparer à la croix que Dieu te prépare et je veux que tu comptes encore davantage sur moi. N'écoute pas le bruit de Satan, mais viens à moi dans ton cœur et je te formerai sans intrusion extérieure. Prie, encore et encore.

27 août - Elle sourit et elle est très belle.

28 août – Bonjour, mon cher enfant. J'aimerais que tu sois tout simple car toute autre attitude est déjà une déformation. Et c'est dans les petites choses, dans beaucoup de petites choses que tu échoues. C'est pourtant dans les petites choses que tu dois construire ton courage. Ainsi tu apprendras que c'est l'amour qui plait à Dieu, plus que tout autre chemin. **L'amour compense pour tous les efforts que tu n'as pas faits** et pour ton manque d'empressement. Je te bénis, continue tes visites.

« Moi, je comprends mes enfants. »

29 août – Bonjour mon cher enfant. Tenir bon, c'est essayer de rester tout près de moi. Un grand nombre de mes enfants sont entraînés loin de moi, et ceux qui encouragent la dévotion sont les plus persécutés. Alors, tous ces petits témoignages de ton amour pour moi les aident dans leurs souffrances. Et ils sont si nombreux ceux qui ont besoin de prières ! Mon enfant, c'est toi que j'invite à être mon petit instrument, à ouvrir mon Cœur Immaculé, pour qu'ils en tirent consolation et qu'ils ne se désespèrent pas dans les difficultés. **Je comprends mes enfants,** et toi, mon enfant, je te charge de leur donner ma bénédiction. Prie et sois en paix.

30 août – Même si tu es accablé, mon enfant, tu es encore dans mes bras et Dieu te regarde. Ta seule consolation dans la vie, c'est moi, je te garde en sécurité et je suis ton chemin vers le Ciel. Prie et sois en paix.

31 août – Mon enfant, si tu venais ici, chaque jour, à cette

« Rien ne me donne plus de joie. »

heure-ci pour tenir compagnie à mon Fils, tu ferais la volonté de Dieu et tu vivrais ta vocation en plénitude. Enfant, c'est toi qui est appelé pour mettre par écrit mon message de miséricorde pour le faire connaître au monde. Prie toujours.

31 août – Bonjour mon petit. Tu ne me fais pas encore confiance avec l'abandon d'un enfant, alors que je suis avec toi tellement souvent. Voici comment tu devrais venir à moi: c'est simple, dis-moi seulement tous tes soucis. Je les écouterai, chacun d'entre eux, car aucun n'est trop infime pour moi. Je suis au Ciel mais je veux quand même tout savoir de tes petits soucis. Chaque instant que tu passes avec moi m'est précieux et tu ne m'ennuies jamais, je te le promets; je suis bien trop intéressée par tout ce qui t'arrive. Quand tu m'invites en ton cœur, tu es tout près de l'éternité, car je suis ta Mère, ton guide maternel. Ne crois pas un instant que je ne veuille pas parler avec toi. **<u>Rien ne me donne plus de joie</u>** que

« Tu es petit et faible »

d'avoir mes enfants qui me font des confidences. Je les bénis comme je te bénis.

1 septembre – Mon pauvre enfant, prie pour que l'on tienne compte de tout ce que Dieu accomplit pour aider les hommes dans leur douleur. Je regarde avec pitié tous mes enfants et te demande de prier pour moi avec eux !
Je te bénis !

2 septembre – Bonjour. Tu as si peur de tant de petites choses, alors que je te tiens et que je m'occupe de toi. Même si tu chutes, j'implore Jésus d'avoir pitié de toi parce que **tu es petit et faible** et que tu as besoin d'une attention toute spéciale. Que cette pensée te donne la paix, aie confiance en moi, je te conduirai. Prie toujours, je te remercie de répondre.

3 septembre - Bonjour mon petit. Parfois tu oublies que tu es à

"Sache que Dieu accepte ceci."

mes pieds, aux pieds de ta Mère qui t'attend. Te rends-tu compte que si Dieu permet une telle merveille pour toi, c'est parce que d'autres ont prié, pas toi !? Et ce n'est pas parce que tu es différent des autres, ne crois pas cela. Je suppose que tu ne comprends pas tout à fait ce que tout cela signifie: je te parle d'une façon qui choquerait même le plus pur pilier d'Église, mais c'est pour prouver combien je suis humble et compatissante. Je peux prendre soin des plus humbles comme des plus puissants, ainsi prends conscience que tu es très à l'aise avec moi. Cela même est prière, cela est saint. Prie donc pour les pauvres gens qui s'imaginent que le chemin de mon cœur est mystérieux, que je suis froide et distante. Merci de me répondre, mon petit, je te bénis.

4 septembre – Bonjour mon enfant. Ne va pas t'imaginer que tout est

"Laisse-moi le faire revivre pour toi."

perdu si tu sens que la dévotion diminue en ton cœur. Laisse-moi la raviver pour toi. Mon enfant, tu as encore un bout de chemin à faire avant d'être libre, laisse-moi être ta seule consolation, tu n'auras que moi et ainsi tu verras combien les autres plaisirs sont vides. Fais-moi confiance et prie, je te bénis.

4 septembre – Bonjour mon cher enfant, j'ai quelque chose d'important à te dire. Là où mon image est honorée et estimée, Dieu purifiera tous les vivants par une épreuve qui est encore à venir. Mon image accomplira des merveilles dans les âmes qui me regardent avec amour. Quant à toi, mon petit si sincère, je te protégerai et te garderai parce que tu as été fidèle.

"Que mon amour te donne de la force."

Garde cela en ton cœur et mon amour te donnera une force que tu n'aurais jamais imaginée. Prie, je suis la Sainte Vierge qui t'a révélé ce message.

6 septembre – Bonjour mon enfant. Dis à (..) que je veux qu'elle récite elle aussi les prières que je t'ai données. Mon enfant reste patient pendant que les choses se mettent en place, prie avec foi, prie pour obtenir de rester à mes pieds et ainsi tu seras en paix.
  Merci de ta fidélité.

7 septembre - Mon enfant, je sais que tu es impatient de voir s'accomplir tout ce que je fais ici.

"Arrête-toi et attends."

Reste serein et attends que ma main maternelle guide les événements; ainsi les choses s'accompliront dans le calme. Mon enfant, essaie de garder les yeux fixés sur moi et ton cœur sera en paix, même si ta vie quotidienne traverse des moments troublés. C'est seulement dans mon cœur* que tu recevras cette paix toute spéciale** que Dieu accorde au monde. En moi que tu accompliras tout ce que tu fais d'une façon toute spéciale. Alors, prie, encore et toujours.

9 septembre - Mon enfant, je t'ai appelé simplement pour que tu pries. Laisse-moi guider toute chose, mon enfant, tu ne peux pas tout comprendre car ceci vient d'en haut. Tout ce qu'il te faut savoir c'est que je te protège contre les coups de Satan.

---

* Cœur Immaculé

** pas la paix de ce monde.

"Prie avant tout pour la simplicité."

Vois-tu, si tu n'étais pas confié tout spécialement à mes soins, Satan te détruirait sans hésitation. Ils sont des milliers à attendre ce message de miséricorde de la Vierge, alors prie sans cesse.

10 septembre – Cher petit, fais simplement ce que je te demande au long de ce chemin rempli de ma douceur, alors tu entendras ma voix et tu écriras tout avec mon aide sans craindre le Mauvais. Tu as tes propres pensées et tu essaies de résoudre tes propres problèmes, alors que c'est seulement par mes chemins extraordinaires que tes multiples problèmes seront résolus. Reste tout proche de mon message de miséricorde et tu sauras grimper ce chemin spirituel que je te donnes. Avant tout, prie pour obtenir la simplicité. Tu vois, je l'ai dit,

"Donne-moi ton coeur."

c'est à cela que tu es appelé, à être simple. Tu dois prier chaque fois que tu veux venir tout près de moi et être inondé de grâce car ta vie spirituelle en dépend si tu veux accomplir une vraie conversion. C'est tout de suite que je t'invite à prier, ne t'arrête pas !

11 septembre – Bonjour mon petit, aujourd'hui je t'invite à me donner ton cœur pour que je sois vraiment avec toi à chaque instant. Tout est superflu sauf une chose, que tu t'accroches à ce que tu crois. Vois-tu, ceux qui ne croient pas et viennent quand même à l'Église pour recevoir mon Fils, ceux-là font tellement de dégâts !

12 septembre – Elle révèle le titre du livre: Le message de miséricorde donné au monde par Notre-Dame.

14 septembre – Bonjour mon enfant.

*« Prends davantage conscience du
cadeau que je te fais. »*

Aujourd'hui, je t'invite à être tout à moi pour que je puisse accomplir en toi ce que je veux. Sois mon petit compagnon, je te montre mon cœur, ne sois pas distrait. Je t'invite à l'intérieur de toi-même, tout au fond de ton âme pour que tu vois et que tu pries avec moi pour tous ceux qui ne cherchent pas Jésus crucifié. Mon enfant libère ton cœur et prie; je suis avec toi.

15 septembre – Merci d'être venu, mon enfant, je veux que tu découvres ma grande bonté pour toi. Tu es conduit à savoir dans ton cœur que je t'aime ; alors tu es tout détendu en ma présence. Mon petit, n'aie jamais peur de moi, je suis ta Mère toute douce, je suis toujours aimable avec toi. Sens-tu ma chaleur quand tu viens à moi ? Je suis au fond de ton âme, regarde-moi et remercie Dieu

"Je t'invite à prendre davantage conscience de mon cadeau."

qui me permet de venir. C'est une grâce toute spéciale que je te donne aujourd'hui. Prie, je te bénis.

16 septembre – Merci mon enfant, je t'accueille à chacune de tes visites. Tu ne t'es pas encore rendu compte de la grâce immense que Dieu t'accorde en me laissant venir. Prie et vis tout ce que je te donne à la lumière de ma présence et dans la foi. Fais bien attention : je t'invite à prendre davantage conscience du cadeau que je te fais. Je souhaite que tu te laisses guider par moi ; tu sais que je suis avec toi quand tu te concentres pour prier. Remercie Dieu qui t'a laissé profiter hier de son cadeau le plus précieux, et ne crois pas que tu l'aies reçu par hasard. Rien n'arrive par hasard! C'est Dieu qui te fait cadeau de chaque instant, ne laisse pas Satan te l'arracher. Prie toujours, je te bénis.

« Je t'ai béni de ma présence. »

17 septembre – Mon enfant, tu es invité à me confier ton coeur. Ne laisse rien te troubler. Dieu s'occupe de toi. Remrcie-le pour son attention aimante. Les petites chosessont les plus importantes, mon enfant. Tu dois vivre la messe dans ton Coeur avant tout autre chose. Mon enfant, une nouvelle grâce t'a été donnée.

17 septembre – Mon enfant, n'oublie pas d'invoquer ton ange gardien chaque soir, et ainsi il sera ravi de veiller sur toi dans la journée. Les petits coups d'œil suffisent à chasser Satan au loin. Prie. Je te bénis.

18 septembre – Mon enfant, enfin ! Nous nous rencontrons depuis des mois, je t'ai tendu mes bras pleins de grâces pour toi, **<u>je t'ai béni de ma présence</u>** ici dans cette chapelle où je veux que s'instaure une dévotion spéciale.

« Je t'ai appelé. »

Sache qu'ils sont nombreux ceux qui savent que je viens ici. Viens à mes genoux, mon enfant, et tu connaîtras mes nombreux secrets. Pendant ces quelques minutes si précieuses, mon enfant, je t'ai donné une joie indescriptible, une Mère et son enfant. **<u>Je t'ai appelé</u>** ici mon enfant, soigneusement, car cette fois je te confie mes messages. Ils sont entre tes mains et ils doivent être diffusés. Il faut les faire connaître. A dire vrai, je sais que mon message sera attaqué, mais je le défendrai moi-même. Je t'ai fait connaître tout ceci, n'en perds rien, même le plus petit détail et prie encore et toujours.

19 septembre - Mon enfant, tu es appelé maintenant pour garder ma paix en ton cœur. Bien des fois, tu échoues, mais n'oublie pas que

*« Crois à cette faveur
extraordinaire. »*

d'autres ont besoin de ton aide. Ne pense pas qu'à toi. Revêts l'armure de Dieu : la Foi, l'Espérance et la Charité. Mon enfant, mets tes pas dans les miens ainsi tu aimeras juste comme on te demande de le faire. Mon enfant, je te protège du Malin. Moi ta Mère, je trouve que beaucoup de tes pensées sont encore charnelles. Ta vie dépend de la façon dont tu penses. C'est en prêtant allégeance à ta Mère du Ciel que tu pourras aider les autres. Mon enfant, je t'aide à atteindre le Ciel, c'est pour cette raison que mes paroles doivent atteindre tout le monde. Porte une copie de mon Image autour de ton cou *, elle te protégera du mal. Mon enfant, il suffit d'aimer. Moi, ta Mère, je t'appelle en cette vie à **croire à cette faveur extraordinaire** et à vivre tout près ; c'est une faveur de ta Mère Immaculée.

Ne cesse pas de prier, je te bénis.

* le Scapulaire de Marie Immaculée

« Ce message de miséricorde est une lettre adressée à tous. »

20 septembre – Mon enfant, moi la Sainte Vierge, je veux verser des rayons de lumière sur les enfants qui sont à mes pieds. Je te demande de continuer à prier souvent, tu t'attires des critiques, mais tu aides à détruire l'œuvre de Satan et ainsi tu rends gloire à Dieu. Mon enfant, mon cœur confère au monde les désirs de mon Fils. Mon souhait est que tu me cherches, ainsi tu n'erreras pas en ce monde en aveugle. **<u>Ce message de miséricorde est une lettre adressée à tous</u>**, spécialement à mes enfants consacrés pour que, même en ce monde, ils puissent rester immaculés *, protégés par cette lumière. Moi, ta Mère Immaculée, je te demande de garder mon Cœur ** toujours devant toi pendant que tu lis ma lettre. Prie, mon enfant et reçois ma bénédiction.

29 septembre – (fête de St. Michel) Mon cher enfant, prie Saint Michel

* pur de cœur
** l'Image

« Je renouvelle l'Église. »

pour qu'il t'accorde sa protection puissante et te guide vers moi plus sûrement. Ce temps est un temps de grâces spéciales pour l'Église alors qu'elle atteint son 2000 ème anniversaire. Par moi, Dieu la conduit vers une splendeur nouvelle. Il me fera briller plus intensément que jamais et ainsi tous verront comme je suis belle et comme je regarde mes enfants avec amour. Mon enfant, avec Saint Michel **je renouvelle l'Église** et je la ramène à une nouvelle dévotion pour moi. Prie donc sans relâche.

1 octobre – Mon enfant, si tu veux distinguer davantage les choses divines dans ta vie, voilà ce que tu dois faire : quand tu pries, tourne tes yeux vers une image de moi, ouvre-moi ton cœur, et attends de recevoir ma grâce, puis commence à prier. Mon enfant,

« *Réponds-moi plus complètement.* »

si ta capacité de dévotion est si faible, c'est parce que ton cœur est encore trop plein des soucis de ce monde. Pour t'en libérer, tu dois accueillir la lumière de mon Fils et retrouver un ardent désir de moi. Mon enfant, je suis au regret de devoir te dire que tu es en train de chuter ces jours-ci dans un refus de m'ouvrir ton cœur, tu deviens trop content de toi et je reste avec ces fleurs nouvelles que tu n'es pas prêt à recevoir. Tâche de laisser ma lumière te convertir, tu sentiras de nouveau ma tendresse et j'en serai heureuse. Récite plus souvent le Rosaire avec tout ton cœur, tu sentiras ma présence, et je saurai t'émouvoir. Prie sans cesse.

2 octobre – Je t'ai dit, mon enfant, de prier avec ton cœur **pour me répondre plus complètement**. Ainsi je

« Il n'est jamais trop tard pour atteindre la profondeur dans la prière. »

peux te conduire plus facilement. Mon enfant, **il n'est jamais trop tard pour atteindre la profondeur dans la prière** si tu t'abandonnes à moi. + Donne-moi ces moments que tu vis avec tant d'impatience et où tu laisses Satan rire de toi parce que tu ne le reconnais pas. Si tu veux savoir si tu avances vers le Ciel, regarde ton cœur et ce qu'il me donne. Je t'invite encore à tourner ton cœur vers moi, à dire la prière du Rosaire qui te guidera chaque jour. Prie, tu me rends heureuse et je te bénis.

3 octobre – Cher enfant, ne crains pas, même si tu es lent à répondre ; ce qui compte, c'est de me donner ton cœur. Je ne viens pas uniquement pour que tu t'étonnes. Regarde-moi et ne cherche pas l'extraordinaire, cela te mène tout droit au vide.

* Coeur Immaculé de Marie

« Je souhaite que tu acceptes mon appel. »

Je te demande de te fier totalement à moi pour me complaire. Mon enfant, si je te demande de répondre, **je souhaite que tu acceptes mon appel** et que tu avances avec confiance dans la paix, cette paix que je te demande de garder dans ton cœur. Je suis heureuse que tu viennes et je te bénis.

5 octobre – Mon cher petit, quand tu as faim, la nourriture te donne de la force ; il en est de même de la prière, elle guérit ton cœur.

6 octobre – mon cher enfant, c'est Dieu qui te demande d'être toujours prêt à m'ouvrir ton cœur. Aujourd'hui je te montre que rien n'est perdu si tu me fais confiance. Ne crains pas de continuer à écrire mes messages. Je suis contente que tu sois venu aujourd'hui malgré le mauvais temps, car, tu vois, tous tes efforts ont de la valeur à mes yeux et

« Dieu te donnera la lumière. »

Dieu t'en récompense en t'envoyant des grâces spéciales. Tu es mon cher ange, mon enfant, je t'aime et je te tiens serré dans mes bras. Ne t'imagine pas que je ne sois pas satisfaite de toi, je veux simplement que tu te rapproches de mon Fils dans la prière. Je te bénis.

6 octobre - Mon enfant, je sais que ces journées ont été bien fatigantes pour toi, mais il y a une bonne raison pour cela. Vois-tu, si tu acceptes avec amour ces petites souffrances, moi, de mon coté, je peux aider mes pauvres enfants et **Dieu te donnera la lumière** pour que tout te devienne clair. Voilà où est ta vocation à toi, mon enfant, en t'abandonnant à moi, tu ouvres des portes neuves dans ton cœur et je peux te donner davantage. Je te donne déjà tant, même si tu ne le vois pas,

« Je t'invite à te souvenir. »

aussi je te demande de continuer la prière du Rosaire.

7 octobre – Bonjour mon enfant. Aujourd'hui **je t'invite à te rappeler** mon très saint Rosaire d'une façon toute spéciale. Cette prière est très chère au cœur du Père et c'est un moyen très sûr de mener les âmes vers le Ciel ; C'est aussi un moyen de renforcer la foi de mon Église sur la terre et d'unir les âmes à moi d'une manière toute spéciale. Toi-même mon petit, tu as savouré la douceur de cette prière aujourd'hui, c'est une grâce. Je sais bien que tu dois encore grandir en ton cœur, travaille dans ton cœur avec le très saint Rosaire et Dieu, qui voit le fond de ton cœur, te bénira. Prie !

8 octobre – Mon enfant, je t'aime comme tu es, même si tu me fais souffrir, je ne peux pas t'abandonner, car je suis ta Mère et je voudrais que

« Tout ira bien. »

tu passes toujours par moi pour demander des grâces. Je sais que ce n'es pas si facile, surtout quand tu penses que tu es trop abîmé, mais je suis avec toi. Avec mon aide, ouvre ton cœur à la paix, recherche Dieu, recherche-moi un peu plus que tu ne l'as fait hier, et puis continue. Mon enfant, je te donne ma grâce toute spéciale, accepte-la, elle est à toi. Continue à prier et **tout ira bien.**

9 octobre – Comment vas-tu, mon enfant ? Je suis si contente de venir te voir. Ton cœur est plus proche en ce moment ; vois-tu, c'est mon cadeau pour toi, tu as ma paix et ma joie. Tu es appelé à me laisser œuvrer dans ton âme, tout comme j'œuvre dans ton quotidien. Je te demande de toujours tout abandonner à Dieu à travers moi,

"Laisse à Dieu le soin de s'occuper de tout."

c'est ainsi que tu es en paix et que bien plus de choses s'accomplissent. Je t'accueille en mon cœur ; puis-je faire ma demeure dans le tien ?

      Prie et sois en paix, je te bénis.

10 octobre – Mon enfant, je répondrai toujours à mes enfants quand ils feront appel à moi. Je suis plein de miséricorde pour les pécheurs. Mon enfant, malgré toutes tes faiblesses je continuerai à te presenter mon Coeur Immaculé. Il n'attend que ta réponse de foi et de confiance, et c'est à moi de vous donner ma grâce et ma benediction. Mon enfant, ne crains rien. Je viendrai toujours à ton secours quand tu m'appelleras.
Je te bénis! Prie !

12 octobre – Cher enfant, je te laisse venir tout près de moi, c'est

"Aide tout le monde."

une grâce toute spéciale qui t'est accordée. Je reçois volontiers tout ce que tu me donnes et j'aime ce qui vient vraiment du fond de ton cœur. Continue de prier, car avec ces prières tu aides tout le monde, et j'en suis heureuse. Que la paix soit avec toi, je te bénis.

13 octobre – Eh bien mon enfant, tu vois bien que je suis celle qui te soutient, même lorsque tu crois que le problème est trop difficile pour moi . Seulement, tu ne connais pas ta Mère aussi bien que tu devrais ! C'est pour cela que la moitié du temps tu es embarrassé pour tout, et l'autre moitié du temps tu essaies de résoudre les problèmes par toi-même sans penser un seul instant à te tourner vers le Ciel pour demander

« Avec moi, tu as tout ce dont tu as besoin. »

de l'aide ; crois-tu vraiment que tout dépend de toi seul ! Prie plutôt, et ne te fais pas de souci, ne cherche pas des réponses impossibles, prie davantage et tous tes problèmes disparaîtront. Prie donc sans te lasser, je te bénis.

14 octobre – Mon enfant, tu as tellement de chance que Dieu te bénisse par ce contact intime avec moi. Je désire attirer des âmes par ce contact et les mener à prendre mieux conscience de mon amour pour tous mes enfants. Prie toujours.

15 octobre – Mon enfant, bonjour. Tu mets bien du temps à comprendre que Satan n'attend que ça : te faire tomber. C'est pourquoi il est prêt à lancer toutes sortes d'accusations contre toi et toi, tu te retrouves complètement découragé. Sais-tu bien que mon pouvoir est si grand que si tu me le permets,

« Sois sincère avec toi-même. »

je peux le chasser et te garder tout joyeux dans mes bras ! Tu as ta propre volonté pour **être sincère avec toi-même.** Je te laisse voir combien tu es puissant quand tu me donnes ton cœur. Ma joie, c'est de te voir chasser Satan avec tes prières. Alors, prie sans cesse.

22 octobre – Mon enfant, Dieu te bénira toujours car tu ne désires que faire sa volonté. Mieux vaut m'ouvrir ton cœur que de le tourner vers les satisfactions de ce monde. Sois toujours en paix, mon enfant, et tu sauras d'où vient ta vraie joie et tu me feras tout à fait confiance pour te mener où je veux et à ma façon. Sois toujours heureux de prier.

23 octobre – Bonjour mon petit enfant. Suis-je donc si aimante que ton bonheur est immense quand tu m'entends dans ton cœur ? Ce cadeau,

« Recrée une atmosphère de foi. »

c'est ma bénédiction toute spéciale, tu dois en remercier Dieu. Je te viens en aide le long de la route de la sainteté. Tu vois, je te laisse reconnaître les petits pétales qui tombent à mes pieds, veux-tu les ramasser et ainsi tu seras plus conscient de ce que je fais pour toi. Mon enfant, je t'attire dans la solitude pour te laisser voir dans mon cœur, et puis, ce que je te donne, tu dois en prendre la mesure pour pouvoir **recréer une atmosphère de foi** dans ton âme. Prie donc, et fais tout avec moi ; et même si tu penses parfois que tu n'as rien à faire, alors fais tout ton possible pour aider les autres et tu te prépareras un trésor dans les Cieux, un trésor que je garderai précieusement pour toi, près de mon cœur pour toujours. Prie, je te bénis.

25 octobre – Mon enfant je suis avec toi dans tout ce que tu fais, je te tiens et

« Ne t'inquiète de rien. »

je te donne la force. Je serais si heureuse que tu t'abandonnes davantage, ainsi tu **ne t'inquièteras de rien** et tu pourras poursuivre ton chemin vers Dieu en toute confiance, dans la joie et le simplicité évangéliques. Mon enfant, être plein de ma tendresse ne t'apportera que la vraie joie.

      Prie sans relâche.

26 octobre – Mon enfant, Dieu connaît toutes tes difficultés, et te demande de les supporter avec amour. Sois petit, ainsi Satan ne pourra pas t'approcher, je te conduirai dans la paix véritable et tu recevras m grâce. Prie toujours.

27 octobre – Bonjour mon petit, n'aie pas peur de l'échec, car déjà si tu

« Fais de ton mieux. »

essaies, Dieu te bénit. Alors, fais de ton mieux, n'abandonne pas la course et **fais de ton mieux** pour être bon, moi je ferai le reste. Ne pleure plus de découragement désormais, car c'est Satan qui essaie de te donner l'impression que tout va mal pour que tu te croies impuissant. Pense à moi, pense à la façon dont je te donne ma main et t'accorde mon amour tout spécial.

Prie, je te bénis.

28 octobre – Mon enfant, ils sont si rares ceux qui comprennent que leur âme est en grand danger car Satan leur promet une longue vie et les éloigne ainsi de ce dont leur âme a un besoin urgent. Je pleure pour que ces âmes-là retrouvent le chemin de la grâce. Si tu n'es pas très sûr et que tu crains de devoir

« Prends une ferme résolution. »

t'inquiéter pour ton âme, **prends la ferme résolution** d'aller à la messe et de recevoir vraiment. Mon enfant, ta vie ici est courte et je veux que tu fasses selon mes désirs, c'est-à-dire je veux que tu pries. Si tu es lent à comprendre ce que je fais, accepte au moins ce manque de compréhension et offre-le à Dieu à travers moi. Ne cesse pas de prier.

28 octobre – Mon enfant, je te tends mon cœur, tu peux être sûr qu'il a de la place pour toi en lui. Signe- toi davantage avec l'eau bénite, je t'aime, mon enfant, je te bénis, va en paix.

29 octobre – Mon enfant, je ne veux pas que tu te mettes dans les bonnes grâces du monde mais que tu cherches le chemin de l'humilité sous mon manteau. Ne te fais pas de souci pour ta vie temporelle, mais

« Sois en paix pour tout. »

sois en paix pour tout et Dieu, qui voit ton cœur, te récompensera.

29 octobre – Mon enfant, je t'ouvre mon cœur. Je veux que tu saches que Satan est très puissant. Il faut que tu m'appelles plus souvent, mon enfant, tu le fais trop peu ce temps-ci et Satan en profite pour remplir ton cœur de pensées perverses. Heureusement que je veille sur toi, mon enfant, et que je te rappelle la nécessité de faire appel à moi et de me demander mon intercession puissante pour que ton cœur soit en sécurité sous mon manteau. Je te bénis, prie !

30 octobre – Mon cher enfant, le vin piqué ne vaut rien, de même l'acte fait seulement pour être applaudi ne vaut rien non plus. C'est pour cela que je veux que tu pries pour arriver à faire tout pour moi. Entre mes mains, tout devient de l'or qui plait à Dieu.

« Ne te contrarie de rien. »

Alors, je te le demande, quand tu commences quelque chose, demande-moi de t'aider.
>Prie, je te bénis.

30 octobre - Mon enfant, je te le répète, ne te fais pas de souci, prie et sois en paix. Je sais que cela te semble parfois bien difficile, mais je t'aime quand même. **Ne te contrarie de rien**, laisse-moi arranger les choses comme tu m'as vue le faire aujourd'hui.
>Prie, je te bénis.

31 octobre – Mon cher enfant, je veux que tu sois toujours prêt à me donner ton cœur même quand tu trouves que ta croix est lourde à porter. Quand tu le fais,

« Je veux la prière toujours en ton cœur. »

tu deviens si beau ! Mais ceci est un secret. **Je veux la prière toujours en ton cœur** et la joie dans toutes les épreuves de ta vie, je te demande d'avoir confiance en moi, même quand tu es tourmenté, ainsi tu seras en paix et rien ne m'empêchera de venir à toi.

     Prie, je te bénis.

2 novembre – Cher enfant, par mon amour maternel, je te fais voir beaucoup mieux l'amour. C'est pour t'aider à vivre avec foi et amour et gentillesse envers tous ; ainsi tu m'aides beaucoup et je peux me promener à loisir dans ta journée. Mon enfant, sois toujours petit, n'aie qu'un seul désir : ce message et rien d'autre. Je te donnerai une bénédiction toute spéciale le 8 décembre.

     Je te bénis, prie sans cesse.

*« Je ne veux pas que tu sois tout
effrayé. »*

3 novembre – Mon enfant, je veux que tu me dises tout ce que tu peux désirer et que tu sois heureux. En moi, tu trouveras toujours un espace de paix, et, mon petit, tu devrais ne chercher qu'une chose : le chemin par lequel je te mène. **Je ne veux pas que tu sois tout effrayé**, cela attristerait ton cœur et ta prière du Rosaire en souffrirait. Tu devrais prier avec joie car je suis pleine de charme et c'est avec mon amour que je remplis ton cœur vide quand je viens et que je te donne de l'affection. Je suis paisible et je te souris, je sais que ta nuit de souffrance semble longue, mais je la rendrai plus légère. Sois comme un enfant dans mes bras, ainsi tu resteras tout petit et tu me verras avec les yeux de la foi. Je suis navrée d'être arrivée en retard aujourd'hui, prie, je te bénis.

4 novembre – Mon enfant, viens trouver le repos dans mon Cœur Immaculé chaque fois que l'obscurité du monde te

« Je détiens la clé de ton avenir. »

submerge. Ainsi, je peux te cacher sous mon saint Manteau et tu peux ne penser qu'à mon amour pour toi ; ainsi ton âme vivra une vie nouvelle et pourra voir les choses comme elles sont véritablement, grâce à cette lumière nouvelle. Mon enfant, laisse-moi toujours planifier pour toi chaque moment, ainsi je te donnerai la paix sur tous les sujets et tu n'en craindras aucun. Souviens-toi que **<u>je tiens la clé de ton avenir</u>** dans mes mains, abandonne-moi donc ta vie et prie. Je te bénis

6 novembre – Mon enfant, je veux que tu te rappelles toujours que c'est l'amour de Dieu qui te donne la vraie joie. Ceux qui mettent tout leur avoir dans des entreprises de ce monde sont bien fous s'ils croient que ça va durer toujours. Si seulement ils comprenaient que je suis le seul trésor qui protège tout ce qui m'est confié

« Pour t'assurer le Ciel, prends ma main. »

... Aussi, **pour t'assurer le Ciel, prends ma main,** mon enfant ; je règle pour toi tous tes petits tracas pour que tu puisses continuer en paix ta dévotion pour moi. Je te bénis, prie !

7 novembre – Mon cher petit, pourquoi fais-tu encore preuve d'impatience envers moi ? Oublies-tu que je ne bouge que parce que Dieu le permet ? Sois en paix pour tout, je t'en conjure ; ainsi tu feras ma volonté et je ne serai pas là à te rappeler comment que tu devrais être. Mon enfant, je te regarde et je te guide lentement sur la route du Ciel. Je ne peux pas t'inviter constamment à t'abandonner si tu ne m'ouvres pas ton cœur et si tu n'acceptes pas avec amour tout ce que Dieu t'envoie. Prie toujours, je suis heureuse que tu sois venu.

« Je ne veux pas que tu penses à des choses qui sont superficielles. »

10 novembre – Mon enfant, **je ne veux pas que tu penses à des choses qui sont superficielles.** Ne pense qu'à ma paix, je te montre qu'en moi réside toute paix. Tu devrais être vigilant, veille à ce que je te tienne en sécurité et rien d'autre ne te donnera la paix que, moi, je te donne. C'est pour cela qu'il y a des moments où rien ne te perturbe,

« Se faire du souci sans raison ne sert à rien. »

mon enfant, **se faire du souci sans raison ne sert à rien** et te conduit au désespoir. Vois-tu comme cela te fait perde la joie de mon expression ! Mon enfant, dans la prière tu gagneras tout, et c'est pourquoi je t'appelle. Alors, continue, même si tu sens ton âme s'obscurcir sana raison, continue à prier. Je te bénis.

10 novembre – Mon enfant, quand tu te sens perdu, regarde-moi et je te donnerai ma sérénité profonde et, dans ton cœur, tu sauras que je suis toujours tout près. Prie sans cesse, je suis toujours avec toi et je te souris. Crois seulement, et ne me laisse pas partir.

11 novembre – Mon petit, je suis toujours tout près de toi, et avec amour, heure après heure.

« Fais preuve de douceur envers toi-même. »

Tu devrais **faire preuve de douceur envers toi-même** : cesse de penser que je n'ai rien à te dire quand tu es malade. Les prêtres seront constamment tourmentés par Satan si tu ne m'offres pas tes souffrances.

        Prie, je te bénis.

12 novembre – Cher enfant, accueille le matin –en fait, accueille chaque matin— avec un sourire, ainsi tu élèveras ton âme et je serai heureuse. Enfant que tu es ! Pourquoi vouloir que toutes tes épreuves disparaissent ? Oublies-tu qu'elles marquent ton chemin vers le Ciel, ne te donnent-elles pas une dignité surpassant largement ta valeur puisque, par elles, Jésus accepte que tu portes la croix avec Lui. Mon enfant, le temps de la souffrance est aussi un temps de réflexion où ton immobilité te permet de penser. Prends avantage de ce temps, c'est un temps pour cesser de courir en tous sens, un temps pour regarder tout, y compris ton âme.

« Maintenant est un temps de prière. »

Alors, remercie Dieu de sa miséricorde et prie. Je te bénis.

14 novembre – Mon enfant, pourquoi abandonnes-tu constamment ton cœur au découragement ? Tu oublies encore une fois que je prends soin de tout, que je te donne la paix ! Pourquoi donc te faire tant de souci alors que je te demande de me laisser te guider même si tu ne vois pas où tu vas. Patience, mon enfant ! C'est de cela que ton âme manque le plus, la patience. Le 'quand', il faut le laisser à Dieu, mais le **'maintenant' est un temps de prière.**
      Alors, prie. Tu as ma bénédiction.

15 novembre – Mon enfant, je te protège ces jours-ci, viens avec moi et dis-moi merci pour les grâces que je te donne. Mon enfant, tu peux dire au prêtre les secrets et je veux que tu continues

« C'est ton cœur que Dieu veut. »

à réciter le Rosaire. Je le recommande tout spécialement et tu recevras ainsi de nombreuses grâces et je t'enlacerai. Mon enfant, la prière, ô la prière est tellement agréable à Dieu ! Sa miséricorde est de nouveau toute ouverte, surtout quand tu récites la prière du Rosaire. Récite le Rosaire et je te bénis.

16 novembre – Pourquoi viens-tu ? Mon cher enfant, je viens pour te guider et te dire que **Dieu désire ton cœur.** Offre-le lui à travers moi. Mon enfant, je te laisse savourer la vie douce et délicate de ton âme, mais si tu veux vraiment recevoir ce que Dieu désire t'annoncer, tu dois mettre de côté toute grossièreté et vivre ta vie selon l'esprit. Prie, je te bénis.

19 novembre – Mon cher enfant, dis au prêtre de faire frapper la médaille telle que je te l'ai montrée.

« Seul Dieu est vérité. »

25 novembre – Mon enfant, prie le Rosaire avec amour, ainsi tu attires la miséricorde de Dieu et je suis très heureuse. Ne crois pas trop vite à ce que le monde prétend vrai, car **Dieu seul est vérité.*** Chaque fois que tu doutes, mon enfant, ou que tu as peur, je veux que tu saches en ton cœur que je te tiens et que rien ne te fera du mal. Continue de prier sans cesse.

26 novembre – Mon enfant, moi, ta Mère, je prépare tout. Aussi ne te soucie pas de la lenteur de ton confesseur, je l'aide. Il est temps pour toi, cher enfant, de mettre de coté tout ce qui t'effraie dans ce que je te demande, je vais t'y aider. Prie et persévère dans l'amour, je te bénis.

* psaume 139

« Prie beaucoup. »

27 novembre – Mon enfant, merci d'avoir fait ce que je te demandais. Je veux que tu crois fermement à ce que je te dis, c'est ma joie de voir ton admiration devant ce que je fais ici. Ainsi, tu grandis dans ta confiance en mon Cœur Immaculé. Si je t'invite à **prier autant** mon enfant, c'est pour que tu aides ainsi mon Fils et que tu provoques le retour d'un grand nombre d'âmes, même de certaines qui étaient très loin. Aussi, continue de prier, je t'aide.

29 novembre – Je te tiens plus serré ces jours-ci, mon petit. C'est ma grâce que tu ressens en ton âme et qui t'ouvre à tout ce que je te donne.

« Ne te laisse troubler par rien. »

Ne te laisse troubler par rien, n'accorde aucune importance aux petites épreuves de la vie. Si tu es prêt à me répondre, tu te diriges vers le Ciel et tu es capable de te rendre compte et de reconnaître ma main dans tout ce qui s'accomplit ici. Mon petit, ainsi tu es comme je le souhaite, pensant seulement à la façon dont je te conduis. Tourne ton cœur en permanence vers moi et tu deviendras fort dans la foi.

   Prie toujours.

30 novembre – Mon enfant, apporte-moi tout ce qui pourrait troubler ton âme et tu verras comme je suis une mère aimante pour toi. Je sais que tu crois que tout cela n'est pas possible, tu laisses tant de doutes t'ébranler. Pourtant, je veux

*« Laisse tout entre mes mains, même
les petites choses. »*

que tu me laisses agir. **Laisse tout entre mes mains, même les petites choses.** Tu ne pourrais pas comprendre tout ce que je fais, c'est impossible, alors je te demande de prier avec amour et d'être bien convaincu que je ne t'abandonnerai jamais. Mon enfant, dis à (…) que je la regarde en souriant. Prie toujours.

1 décembre – Cher enfant, je veux que ceux qui lisent mon message de miséricorde le fassent connaître pour que Dieu puisse accorder ses grâces à beaucoup d'autres. Écris donc, mon enfant, même si tu ne t'en sens pas digne. Ceux qui lisent mon message recevront, par l'intermédiaire de mon cœur, des faveurs au plan spirituel qui iront en s'accroissant tout au long de leur vie terrestre et dureront dans la gloire du Ciel. Mon enfant, toute ta vie sera une prière adressée à moi et tu seras brûlant d'amour. Prie, je te bénis.

« Cherche seulement mon cœur chaque jour. »

2 décembre – Mon enfant, la grâce que je te donne ouvrira un chemin vers mon cœur ! Je demande que ceux à qui je donne mon message **cherchent seulement mon cœur, chaque jour.** Je connais les conditions misérables dans lesquelles tu travailles mais je t'invite à réciter simplement cette prière journalière, et ainsi tu seras spirituellement uni à mon cœur Chagriné et Immaculé :

« O très tendre Mère, bénis-nous et protège-nous car nous comptons sur ton aide »* Cher enfant tu es appelé par ta tendre Mère, viens à moi sans crainte. Je t'aiderai dans tout ce qui t'afflige et te donnerai la paix pour te mouvoir avec amour sous ma main.

Prie ! Je te bénis !

4 décembre – Cher enfant, je te dis de prier pour tout, et ainsi je peux

---

* A réciter entre chaque décade du rosaire.

« Je suis toujours avec toi »

t'aider. Si tu laisses les épreuves venir à toi sans te détourner, elles deviennent un moyen d'aider les pécheurs à se convertir. Ne crois pas un instant que je te laisse passer ta journée seul. Pas un instant de ta vie ne se passe sans que je le sache, car, vois-tu, **je suis toujours avec toi.** Cher enfant, laisse-moi aborder chaque nouvel instant avec toi, pense simplement que c'est moi qui guide ta journée. Prie sans cesse.

5 décembre – Cher enfant, je suis ta tendre Mère, je veux que tu lèves les yeux vers moi, ainsi, je t'amènerai à désirer le Ciel. Je pense toujours à mes pauvres enfants qui n'ont personne qui prie pour eux de fond du cœur. S'ils savaient combien les âmes ont besoin de prière ! C'est pour cela que

"Je viens t'apprendre la valeur de la prière."

je viens, mon enfant, **pour t'apprendre la valeur de la prière**, ainsi tu rachèteras beaucoup d'âmes et Dieu accordera de grandes grâces. Prie, encore et encore.

6 décembre – Mon enfant, fais bien attention, Satan est très puissant ces jours-ci. Mais si tu sais que mon cœur attend tes petits clins d'œil, c'est assez pour le chasser. Mon enfant, je t'invite à recevoir avec joie les petits pétales que je t'envoie chaque jour pour que tu me vois davantage et que tu recherches avec ardeur tout ce que je te donne pour te meubler. Mon enfant je veux que tu réjouisses mon regard chaque fois que je regarde dans ton cœur, je ne veux pas y trouver que de la tristesse, alors prie, prie encore.

« Sois en paix. »

8 décembre – Mon enfant, je suis l'Immaculée Conception.

9 décembre – Mon enfant, je ne veux pas que tu te tourmentes avec des pensées comme « Vais-je souffrir à cause de ceci ou de cela ». Je sais quoi faire, confie-moi tout et **sois en paix**. N'entends-tu pas ma voix, mon enfant, et n'est-ce pas merveilleux ? Laisse bien cela pénétrer en ton cœur. Cher enfant, je t'aime tant et je sais que tu es faible, cela ne m'empêche pas de t'aimer.

                Prie, je te bénis.

« Écoute bien ce que j'ai à te dire. »

11 décembre – Cher enfant, **écoute bien ce que j'ai à te dire** : je veux que mon Image* soit mise à la place d'honneur dans cette chapelle et quand elle sera fixée, dans la ville ou la cité, dans quelque église** que ce soit, la foi en cet endroit ne sera jamais renversée. Je t'invite tout simplement à prier, mon enfant, sois prêt à faire ce que je te demande et ne laisse pas ton attention se fixer sur ce monde qui passera.

Prie, je te bénis.

12 décembre – Cher enfant, je t'invite à te laisser guider par mon amour maternel.

12 décembre – Cher enfant, c'est en me laissant agir que tout s'accomplit. La seule chose qui importe

---

* La Vierge de Miséricorde
** ou paroisse

« Laisse-moi faire. »

c'est que la volonté de Dieu l'emporte en tout.

Prie sans relâche.

13 décembre – Cher enfant, je veux te dire de ne pas te tourmenter pour des scrupules, laisse-moi m'en occuper. Je désire que ton chemin soit un chemin de lumière où tu brilles de ma lumière. Cher enfant, je sais bien comment sont les choses et je sais agir, **laisse-moi faire** et tu seras en paix et moi je serai heureuse. Je veux, mon enfant, que tu pries avec patience et que tu ne laisses aucune distraction affadir ta prière. Je suis avec toi lorsque tu pries. Je te bénis.

14 décembre – Cher enfant, je désire que tu allumes ce cierge en l'honneur de ma présence parmi vous chaque fois que vous vous réunissez pour prier.

« Je viens du Ciel. »

Voici venu le temps où je demande à Dieu de verser sur le monde des bénédictions spéciales. Ne te laisse troubler en aucune manière par une déception ou un commentaire de désapprobation. De cette chapelle, je t'envoie ma bénédiction et je te donne toutes les grâces dont tu as besoin. Cher enfant, nous sommes dans un temps saint, l'Avent, un temps d'espoir pour tous ceux qui se tournent vers moi. Cher enfant, **je viens du Ciel** pour te donner tout ce qui est bon, je suis ta Mère miséricordieuse, qui te considère avec amour et qui plaide pour toi, alors ne te fais aucun souci.

      Prie, je te bénis

15 décembre – Cher enfant, si tu demeures près de moi, tu ne seras pas vaincu. Fais seulement la volonté de mon Fils, désire seulement me plaire et tu plais à mon Fils. Alors Dieu t'écoutera et t'accordera Sa bénédiction. Cher enfant,

« Je plaide ta cause. »

tu as maintenant tellement reçu, je ne veux pas que tu laisses cela échapper de ton cœur. Cher enfant, c'est moi ta Mère qui te tient et qui te donne la force de continuer à écrire.

    Prie, je te bénis.

16 décembre – Cher enfant, je te considère avec amour. Ne pense jamais que je ne t'aime pas parce que tu es faible, au contraire, **je plaide ta cause** avec encore plus d'ardeur auprès de Dieu. En fait, je demande à Dieu de t'accorder sa grâce. Je suis ta Mère et c'est à travers moi que passe toute grâce. Cher enfant, l'Enfer est fou de rage devant ce que je fais pour toi. Aime avec simplicité et tu verras ma beauté et ainsi Satan ne pourra pas te faire de mal. Cher enfant, ne crois pas que je t'attire seulement pour te protéger, je t'attire parce que tu en as grand besoin.

    Prie, je te bénis.

17 décembre – Cher enfant, je t'ai

« Aide-moi à les sauver. »

bien dit que je suis présente lorsque tu viens à ma rencontre pour prier. Cher enfant, connaître ma paix est un cadeau, laisse ton cœur le désirer et alors tu désireras le Ciel. J'aime les pauvres pécheurs, mon enfant, alors, par ta dévotion à moi, **aide-moi à les sauver**.
    Prie, je te bénis

18 décembre – Cher enfant, ma tristesse est grande. Nombreux sont ceux qui m'honorent des lèvres mais leur cœur est tout entier tourné vers le monde. Pauvres pécheurs, quelle attitude ridicule ! Je pleure sur leur sort. Prie pour eux mon enfant, tu es appelé à prier avec moi. Je veux que tu m'ouvres ton cœur, tu sentiras ainsi mon impatience aimante, mon désir de les réconcilier avec mon Fils. Cher enfant, en ce jour de joie je suis bien triste à cause

« C'est pour cela que je viens. »

d'eux, **c'est pour cela que je viens**, pour qu'à travers moi, Dieu puisse jeter un regard de pardon sur ceux qui l'offensent tellement en ce temps sacré.* Prie, je t'envoie un sourire rien que pour toi en ce jour de l'amour.

20 décembre – Cher enfant, laisse ma main te guider tout le long du jour, et ainsi je suis prête à inonder de lumière tes heures les plus sombres. Cher enfant, ne sois pas triste quand je te demande de t'ouvrir à moi, Dieu veut que tu apprécie ce que je désire faire ici, mais seulement si tu me laisses faire. Cher enfant, tu es une construction que je consolide, mais cette construction ne va s'élever que si tu remets tout entre mes mains. Prie constamment.

* l'Avent

« Beaucoup trop d'hommes gâchent leur temps. »

3 décembre – Cher enfant, pourquoi crois-tu que je t'appelles dans ma chapelle ? C'est parce que j'y viens vraiment. Cher enfant ne passe pas trop de temps aux choses de ce monde. **<u>Beaucoup trop d'hommes gâchent leur temps</u>** de cette façon et remplissent ainsi mon cœur de chagrin. Mon cher enfant, je t'attends toujours les bras grands ouverts.

   Prie, je te bénis.

24 décembre – Cher enfant, je n'aurais pas dû venir aujourd'hui, mais comme je l'ai promis, je viens. Mon enfant, tu laisses Satan l'emporter sur toi et tu lui permets de te faire du mal et ainsi tu es mécontent de toi-même. Ce n'est pas cela que je veux pour toi ! À ces moments-là, il faut que tu me laisses agir car,

« J'arrange tout. »

mon cher enfant, dois-je te le redire, **j'arrange tout** pour toi si tu me laisses faire.

  Prie, je te bénis

25 décembre – Cher enfant, Dieu t'apporte en ce jour à toi et à ta maison une bénédiction sainte et paisible ! Cher enfant, je suis très heureuse de te voir à mes pieds. Je te bénis! Puisse la paix de Dieu régner dans ta maison, maintenant et toujours. Cher enfant, prie beaucoup pour tous tes besoins à Notre Reine Mère de la Maison pour que ses yeux d'amour t'apportent la paix dans ton Coeur! Cher enfant, je t'ai montré où je souhaite de trouver la nouvelle Image. Je souhaite que cette nouvelle Image apporte la paix dans chaque Maison, dans chaque Couvent, dans chaque Eglise, Hôpital, ou Ecole; en fait, je souhaite qu'elle apporte la paix partout où elle est placée. Prie ! Je te bénis !

« Ne laisse rien t'entraîner vers la peur. »

26 décembre –   Cher petit, je t'invite toujours, **<u>ne laisse rien t'entraîner à la peur.</u>** Je te prends dans mes bras et ainsi tu connais ma paix ! Cher enfant, c'est en me gardant dans ton cœur que tout est calme en toi ! Cher enfant, j'attends toujours ton invitation. C'est seulement lorsque tu me désires que je peux t'aider.

Prie ! Prie ! Prie !

27 décembre –   Cher enfant, pourquoi doutes-tu de ma tendresse pour toi ? Ne perçois-tu pas que j'appartiens au Ciel, et tellement libre du poids que les hommes attribuent à chaque chose, divisant chaque chose en anomalies, ne regardant ainsi jamais le cœur des hommes ! Cher enfant, je veux que

« Réponds à ma grâce. »

tu **répondes à ma grâce.** Ceci te conduira à la vraie valeur des choses, te permettra de voir que seul le méchant tombe finalement, alors que c'est l'humble qui est élevé. Cher enfant c'est la raison pour laquelle je viens, pour t'apprendre à regarder ce que je fais pour te rapprocher ainsi du Paradis !

    Prie ! Je te bénis !

28 décembre – Bonjour mon cher enfant. Penses-tu toujours que je t'aurais abandonné ? Laisse ma nouvelle image te redonner espoir, invoque-moi souvent ! Cher enfant, ma nouvelle image se tiendra comme une marque de proximité de mon Fils, car je regarde vers la terre dans l'espoir que mes enfants regardent vers moi. Ainsi, je donne la grâce divine à tous ceux qui demandent mon aide. Cher enfant, je me tiens entre Ciel et terre, intercédant au nom des pauvres humains, cherchant à

« Je suis réellement ici. »

les aider pour tous leurs besoins, obtenant ainsi les grâces nécessaires à leur salut.

     Prie ! Prie ! Prie !

29 décembre –   Cher enfant, je veux que tu sois convaincu de ma présence aimante à tes côtés. **<u>Je suis ici réellement!</u>** Cher enfant, ma paix que je te laisse devrait être pour toi la preuve éclatante de mon don ! Cher enfant, je ne veux pas que les petits tracas de ce monde te fassent perdre confiance en ce que je te donne ici. Tout est dans le plan de Dieu. Ne sais-tu pas que j'agis au moment où tu t'y attends le moins. C'est ainsi que je contrebalance tous tes doutes, et une fois encore restaure ta foi concernant ma présence à tes côtés.

     Prie ! Prie ! Prie !

30 décembre –   Cher enfant, je t'invite à rechercher mon cœur pour ton

« Je viens pour te sourire. »

réconfort ! Cher enfant, mon cœur est un lieu de paix pour tous mes enfants qui sont attristés par l'oppression du monde ! Cher enfant, c'est pourquoi **<u>je viens te sourire</u>** et, qu'ainsi, je laisse la paix de Dieu dans ton cœur.

     Prie ! Prie ! Prie !

1 janvier – Mon petit, Mon nom est …..
     La Vierge miséricordieuse.

Chemin de docilité

Pour les âmes humbles …
Le chemin du dépouillement spirituel:

1. Aie recours à la grande compassion de Dieu par l'intercession du Cœur de Notre Dame

2. Rien ne t'appartient, mais attend tout puisque tu as Marie

3. Effectue cet acte d'abandon total, matin et soir, dans l'intérêt des pauvres pécheurs (Voir page suivante).

Mon Ange.

"Prière du Parfait Abandon à Dieu par la Madonne pleine de Grâce"

Vierge miséricordieuse,
Je me consacre à toi.
Aide moi, je te donne la charge de mon âme
Aujourd'hui et pour l'éternité.
Couvre-moi de ton manteau sacré
Aie pitié de moi et accorde-moi le don que je te demande: être l'une de tes humbles âmes. J'implore ton réconfort à l'heure de ma mort.
Et puis je souhaite mourir en paix
Amen.
(1 fois)

Ô Vierge Marie garde-moi tout entier doux et pur.
(3 fois)

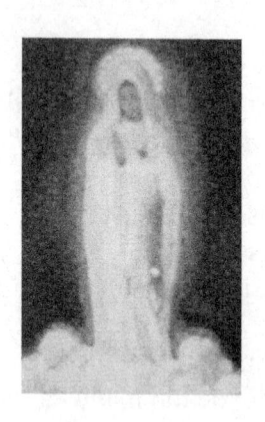

« *Mon enfant, nulle part en ce monde tu ne trouveras le vrai bonheur, il n'existe qu'au Ciel avec moi.* »

(12 juin 1989)

La médaille de Marie Immaculée.

Cette médaille a été dévoilée par Notre Dame le 25 mars 1992, en l'année du 75 anniversaire de Fatima.

« Mon petit, à tous ceux qui portent fidèlement cette médaille, je promets d'accorder les derniers sacrements de

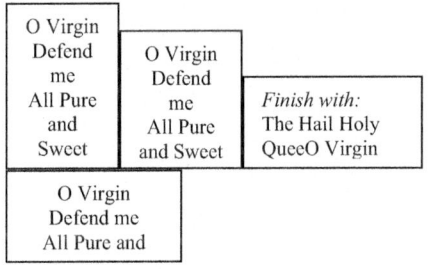

O Virgin Defend me All Pure and Sweet

O Virgin Defend me All Pure and Sweet

Finish with: The Hail Holy QueeO Virgin

O Virgin Defend me All Pure and

l'Église avant leur mort. Ce sera le signe de ta consécration à mon Cœur Immaculé. » (Sept 5 1992)

* *Extrait de l'image miraculeuse originale.*

Chapelet de la Madone Miséricordieuse
(à réciter avec le chapelet du Rosaire)

Sur chaque petite perle: Notre Reine Mère de la Maison Priez pour Nous

« Chers enfants, je vous aime infiniment, ne vous attristez pas si votre vie n'est pas remplie de faveurs divines, ce n'est pas cela l'important. Ce qui est important, c'est que vous persévériez dans la prière et que vous n'abandonniez pas, même quand la vie vous meurtrit. Je suis la Mère bénie qui viendra au milieu de tous vos malheurs et qui vous gardera en sécurité, c'est

cela que vous devez savoir ! Soyez aussi bons que vous le pouvez. Vivez dans la foi et, je vous le répète,

priez , priez sans cesse.

(le 26 avril 1992)

Prie ! Là où l'image est exposée et vénérée, mon Cœur Immaculé accordera beaucoup de grâces de conversion. Ne laisse pas passer une journée sans te tourner au moins une fois vers l'image pour prier :

Prière de Réparation.

« Marie Immaculée, je te demande pardon, et par ton Cœur Immaculé, sauve-nous du péché et conduis- nous tous vers le Paradis »

A chaque fois que tu diras cette prière, tu sauveras un pécheur.

(January 21st 1995)

Pour les prêtres.

La Mère bénie voudrait que les prêtres conservent ces messages dans leur cœur et, s'ils acceptent les demandes, ils recevront ce qui a été promis (L'ange).

1. *« Vous me trouverez toujours dans une oasis de paix. »*

2. *« Je vous considère comme miens. »*

3. *« Abandonnez-vous à moi et vous serez fortifiés par mon amour. »*

4. *« Mettez tous vos mérites entre mes mains et laissez tout ce qui arrive être un chemin d'offrande en m'obéissant. »*

5. *« Un temps viendra où vous n'aurez plus besoin de raisonner à propos de ce qui arrive. »*

6. *« Par ma main qui vous protège, je retiens bien des choses qui vous feraient du mal. »*

7. *« Je veux que mon Image* soit mise à la place d'honneur dans cette chapelle et quand elle sera fixée, dans la ville ou la cité, dans quelque église** que ce soit, la foi en cet endroit ne sera jamais renversée. »*

Les promesses

1. Les gens verront Dieu en eux.

2. Eux-mêmes recevront de Dieu de grandes bénédictions.

3. Ils recevront le don de pouvoir s'abandonner à Dieu avec empressement et d'être un avec Lui en l'esprit.

L'ange

---

* *Oratory of the Immaculate Heart, Raheny, Dublin.*
** *Cette promesse ne s'applique que lorsque elle a été solennellement installée dans l'Eglise du lieu.*
  L' Ange.

Message Spécial

"Ce livre de messages que je vous ai donné est celui que je destine à chaque âme, incluant l'âme des prêtres. En fait, le livre des messages est destiné au renouveau de chaque âme. La Providence révèlera à chaque âme la manière de procéder.
C'est-à-dire la manière qu'ils pensent en leur âme de comment procéder. Et comme ceci est montré à chaque âme, c'est ainsi seulement que chaque âme recevra la bénédiction du message, si elle le fait savoir, si elle ne le fait pas, aucune benediction ne sera reçue."

(2 avril 1998)

« Plus l'Église contemple Marie, plus elle m'honore »

(Notre Seigneur)

La Médaille

AU SUJET DE LA PEUR DE L'ENFER

NOTRE DAME A DIT :

« MON ENFANT C'EST AINSI, SI TU VEUX AVOIR PEUR DE L'ENFER TOUT CE QUE TU DOIS FAIRE EST DE PENSER AU DESESPOIR QUI Y REGNE ET QUE CE DESESPOIR EST LE DOMICILE ULTIME DE L'ÂME QUI A CHOISI UN PAREIL LIEU » !

A

190   Adresse une supplication à mon cœur.

392   Aide-moi à les sauver.

264   Apporte- moi tous les petits soucis quotidiens.

168   Apprends à te réjouir de tout ce que Dieu te donne.

192   As-tu perçu la paix

334   Avec moi, tu as tout ce dont tu as besoin.

B

396   Beaucoup trop d'hommes gâchent leur temps.

208   Brillante et pure, voilà comme je voudrais rendre ton âme.

C

16   C'est à Mes desseins et à Mon plan que tu dois être attentif.

110   C'est aux faibles et aux petits que Dieu se révèle.

274	C'est le travail de Dieu.
394	C'est pour cela que je viens.
62	C'est seulement par la prière que tu peux apprendre à être bon.
160	C'est seulement par le Rosaire que tu me rendras heureuse.
366	C'est ton cœur que Dieu veut.
314	Ce message de miséricorde est une lettre adressée à tous.
280	Ce sera comme un vent nouveau dans l'Église.
256	Ce sont bien les petits et les humbles que mon Fils invite à venir à mes pieds.
282	Ceci est une fleur précieuse.
42	Cherche le chemin de la Sainteté et désire grandir caché.
376	Cherche seulement mon cœur chaque jour.
32	Continue à prier, ne laisse rien te détourner.

312	Crois à cette faveur extraordinaire.
40	Crois que c'est moi.

D

228	Dans toutes les difficultés, prie, prie, prie !
132	Décide de vouloir me regarder.
178	Déplace-toi dans ton cœur.
176	Désire-moi tout le temps.
80	Deviens petit.
116	Dieu est impatient de grandir dans le cœur de tous mes enfants.
278	Dieu permet que mon cœur s'ouvre.
162	Dieu te demande ton engagement total envers moi.
324	Dieu te donnera la lumière.

E

384	Écoute bien ce que j'ai à te dire.
18	Écoute et prie, je t'appelle à nouveau.

146	Écoute mes messages.
240	Écoute-moi toujours et tu trouveras le chemin qui conduit à la paix.
12	Et aussi je te demande de garder avec toi quelques unes de mes pensées, chaque jour
158	Être saint, c'est être calme à l'intérieur de soi.

F

342	Fais de ton mieux.
362	Fais preuve de douceur envers toi-même.
218	Fonds sous mon toucher.

G

| 226 | Garde avec toi l'une ou l'autre de mes pensées. |

I

| 54 | Il est possible que tu ne comprennes pas |

	tout.
320	Il n'est jamais trop tard pour atteindre la profondeur dans la prière.
268	Il te suffit de prier.

J

224	J'ai pris ton passé dans mon cœur.
172	J'ai tellement à te donner.
398	J'arrange tout.
164	Je bénis également chacun de tes petits devoirs.
242	Je connais tout de tes fautes !
28	Je désire tendrement te conduire.
354	Je détiens la clé de ton avenir.
206	Je fais tout.
124	Je ne laisse pas se perdre même ton plus petit souci.
358	Je ne veux pas que tu penses à des choses qui sont superficielles.

352	Je ne veux pas que tu sois tout effrayé.
250	Je ne veux pas que tu t'inquiètes.
390	Je plaide ta cause.
272	Je prends soin de toi.
38	Je prie pour que tu sois meilleur.
222	Je promets de donner des grâces spéciales.
94	Je protège ton âme.
316	Je renouvelle l'Église.
106	Je sais avec quelle incrédulité tu regardes cela.
322	Je souhaite que tu acceptes mon appel.
244	Je suis celle qui te conduis.
82	Je suis l'humilité.
96	Je suis là, j'attends.
404	Je suis réellement ici..
134	Je suis souvent à tes côtés.

152	Je suis ta mère et c'est pour cela que je reste avec toi.
378	Je suis toujours avec toi.
310	Je t'ai appelé.
308	Je t'ai béni de ma présence.
374	Leave every little thing in my hands.
184	Je t'ai toujours devant mon visage souriant.
326	Je t'invite à te souvenir.
270	Je te réconforterai moi-même.
258	Je te souris avec miséricorde.
128	Je trace avec mon amour une chaîne d'or autour de ton existence bourdonnante.
350	Je veux la prière toujours en ton cœur.
388	Je viens du Ciel.
406	Je viens pour te sourire.

L

284	L'amour compense pour les efforts que tu n'as pas faits.
276	La paix soit avec toi.
230	Laisse mes messages s'imprimer en toi.
14	Laisse moi t'enseigner les chemins de la beauté infinie.
262	Laisse tout aux soins de ton confesseur, dans l'obéissance.
374	Laisse tout entre mes mains, même les petites choses.
234	Laisse-moi calmer chacune de tes tempêtes.
386	Laisse-moi faire.
120	Laisse-moi prendre toutes tes petites distractions
66	Le Paradis, l'ultime Autel où ton âme trouvera la vraie joie.
52	Les hommes veulent éviter les ennuis.

78	Les pécheurs ont dérivé loin de mon amour.

M

70	Ma tendresse est pure et vient du Ciel.
364	Maintenant est un temps de prière.
174	Mais je t'aime toujours.
286	Moi, je comprends mes enfants.
114	Mon amour est une voile gonflée et libre, hisse ton foc et attrape mon amour comme un vent léger qui gonfle ton âme.
204	Mon Cœur Immaculé est très triste.
248	Mon plan est dans sa phase finale.

N

196	N'abandonne pas le Rosaire.
238	N'ai pas peur d'être petit.
260	N'aie pas peur d'aimer ceux que tu côtoies chaque jour.
266	N'aie peur de rien.
104	N'essaye pas d'étouffer cette petite voix

... C'est Satan qui te trompe

150	N'est-ce pas le plus petit et le plus faible de la famille qui a besoin du plus d'attention ?
252	N'es-tu pas sous mon Manteau.
60	Ne laisse pas Satan arracher les dons que Dieu te donne.
400	Ne laisse rien t'entraîner vers la peur.
20	Ne me cache pas ta misère.
68	Ne sois pas fâché lorsque tu subis de petits préjudices.
200	Ne sois pas offensé si Dieu t'envoie des épreuves.
144	Ne t'alourdis pas du fardeau de ce monde pour les choses.
100	Ne t'inquiète de rien.
340	Ne t'inquiète de rien.
236	Ne t'inquiète pas ! prie.
348	Ne te contrarie de rien.

48	Ne te fatigue jamais de demander mon aide.
372	Ne te laisse troubler par rien.
130	Nulle part ne pousseront les lys, si tu ne cultives pas ton désir d'être près de moi.

O

122	Offre moi même tes insuffisances, je les changerai en or pour toi.
24	Offre-moi toutes tes craintes et attentes.
88	Ouvre la porte de ton cœur.

P

26	Par la prière ouvre grand ton cœur.
254	Pay attention to my messages!
194	Pour demander comme quelqu'un en manque d'aumônes.

356	Pour t'assurer le Ciel, prends ma main.
140	Pour toi et finalement pour tous ceux que mon Message de Miséricorde atteint.
304	Prends davantage conscience du cadeau que je te fais.
344	Prends une ferme résolution.
220	Prie à tous propos.
12	Prie avant de regarder mes messages.
370	Prie beaucoup.
58	Prie et crois que tu es entendu.
34	Prie et sois impatient des choses éternelles.
156	Prie lentement ! Prends ton temps pour prier.
216	Prie pour les pauvres pêcheurs.
212	Prie pour mes intentions.
232	Prie pour tout ce que je t'ai donné.
74	Prie, crois, et sache que je suis proche.

92   Purifie tes intentions.

Q

148   Que puis-je dire si tu ne pries pas ?

R

338   Recrée une atmosphère de foi.

170   Relis-moi ! Il y a toute une construction à comprendre, un bloc après l'autre.

402   Réponds à ma grâce.

318   Réponds-moi plus complètement.

50   Réserve moi le droit de faire de toi tout ce que je veux.

108   Reviens dans les profondeurs de ton âme, retournes-y souvent.

S

246   S'il te plait tiens toi à mon Rosaire.

142   Sans même y réfléchir, tu es en train de rechercher les mauvaises choses.

360	Se faire du souci sans raison ne sert à rien.
368	Seul Dieu est vérité.
136	Sois avec moi dans ces pensées.
138	Sois disponible à chacune de mes impulsions.
346	Sois en paix pour tout.
382	Sois en paix.
336	Sois sincère avec toi-même.
118	Sois toujours en Paix.
210	Soit vigilant à ne pas faire étalage de ton éclat.

T

202	Toi mon enfant, tu me consoles.
64	Ton seul réconfort est dans la prière.
22	Tu as peu de temps pour les frivolités.
76	Tu devrais approfondir ta foi.

188	Tu devrais chérir le temps que je te donne.
84	Tu dois m'autoriser à détruire le péché dans ta vie.
290	Tu es petit et faible.
98	Tu es trop facilement enclin à rejeter mes messages.
166	Tu n'as besoin de t'inquiéter de rien.
182	Tu n'es en sécurité que dans mon cœur.
126	Tu n'es rien sans moi.
180	Tu ne demandes qu'à te laisser tromper.
112	Tu ne te tromperas pas en écoutant ma voix.
154	Tu oublies que je suis ton petit gouvernail.

Printed in Great Britain
by Amazon